⚠ CULTURA ⚠ ORGANIZACIONAL LIVRE DE ASSÉDIO

Copyright© 2024 by Literare Books International
Todos os direitos desta edição são reservados à Literare Books International.

Presidente:
Mauricio Sita

Vice-presidente:
Alessandra Ksenhuck

Chief Product Officer:
Julyana Rosa

Diretora de projetos:
Gleide Santos

Capa:
Lucas Yamauchi

Projeto gráfico e diagramação:
Gabriel Uchima

Revisão:
Ivani Rezende

Consultora de projetos:
Amanda Leite

Chief Sales Officer:
Claudia Pires

Impressão:
Gráfica Paym

Dados Internacionais de Catalogação na Publicação (CIP)
(eDOC BRASIL, Belo Horizonte/MG)

K41c   Kerr, Cris.
          Cultura organizacional livre de assédio / Cris Kerr. – São Paulo,
        SP: Literare Books International, 2024.
          16 x 23 cm

          Inclui bibliografia
          ISBN 978-65-5922-759-4

          1. Cultura organizacional. 2. Assédio no ambiente de trabalho.
        3. Mercado de trabalho. I. Título.
                                                                CDD 331.4133

Elaborado por Maurício Amormino Júnior – CRB6/2422

Literare Books International.
Alameda dos Guatás, 102 – Saúde– São Paulo, SP.
CEP 04053-040
Fone: +55 (0**11) 2659-0968
site: www.literarebooks.com.br
e-mail: literare@literarebooks.com.br

DEDICATÓRIA

Às três mulheres mais importantes da minha vida.

Beatriz, minha filha, por quem tenho o maior amor do mundo e é a principal razão por eu trilhar este caminho mais justo e igualitário para as mulheres e todas as pessoas de grupos minorizados.

Beatriz, minha irmã, que é o meu orgulho, uma mulher que passou por muitas situações de assédio moral e sexual como engenharia civil e, hoje, é minha sócia na CKZ Diversidade (e deu um depoimento no final deste livro).

Leni, minha mãe, uma mulher forte que sempre me encorajou a seguir em frente.

"Nunca duvide de que um pequeno grupo de pessoas comprometidas e empenhadas possa mudar o mundo. De fato, é só assim que as coisas mudam." (Tradução livre)

**Margaret Mead,
antropóloga cultural norte-americana
e professora da Universidade de Columbia**[1]

---

1. Graduou-se no Barbard College em 1923 e fez doutorado na Universidade de Columbia em 1929. Escreveu diversos livros, entre eles: *Never doubt that a small group of thoughtful, committed citizens can change the world. Indeed, it's the only thing that ever has.*

PREFÁCIO

"Todas as pessoas têm sempre algo a melhorar em si, inclusive eu e você."

O livro que está em suas mãos é o resultado de mais de 15 anos de pesquisas e treinamentos em centenas de empresas. E também das andanças da autora, Cris Kerr, por todo o Brasil para falar sobre diversidade, inclusão, equidade e pertencimento, juntamente com a importância do fim do assédio no ambiente de trabalho.

Quando ela começou com a CKZ Diversidade, ouvia muitos nãos. Como foi uma das primeiras pessoas a trazer o tema para o Brasil, encontrou resistência e muitas portas fechadas. Hoje, com o assunto na ordem do dia, ela mal tem agenda para tanta procura.

O mais admirável é que ela nunca desistiu. Nunca abriu mão porque sempre acreditou nessa missão de transformar os ambientes de trabalho e, principalmente, tornar a vida das mulheres e das pessoas de grupos minorizados melhor e mais justa. Ela acredita em um mundo melhor, e me ensinou a acreditar também.

Cris Kerr é minha mãe, e eu não poderia ter mais orgulho de ser a filha dela. Cresci ouvindo suas histórias e entendendo o mundo ao meu redor a partir do olhar dela, das histórias que ela mesma vivenciou como profissional e das que ouviu nesses muitos anos de CKZ.

Conforme eu crescia, me indignava com as coisas que ouvia. Como assim as mulheres ganham menos do que os homens? Como assim que, até pouco tempo atrás, existia uma lei que dava direito ao homem de matar uma mulher infiel? Como, até hoje, as mulheres são condenadas, criticadas e massacradas quando são traídas pelo parceiro? Por que a culpa é sempre delas?

Desconstruir hábitos, pensamentos e comportamentos não é fácil. O trabalho que a minha mãe faz é essencial nesse sentido. Ajuda a empoderar as pessoas. Se lá atrás tivéssemos contado com mais pessoas preocupadas em fazer o que ela faz, acredito que não teríamos todas as situações de machismo, racismo, LGBTfobia, capacitismo, gordofobia, etarismo e muitas outras que acontecem ainda hoje.

Admiro muito a paciência com a qual ela lida com as pessoas. Confesso que não sei se eu conseguiria ter o mesmo comportamento. Talvez já chegasse dizendo: "Como você tem coragem de dizer isso em pleno século 21?". Mas, a verdade é que, de alguma forma, levo para a minha vida tudo o que aprendo com ela, como, por exemplo, a nunca deixar de me posicionar. Sou uma mulher empoderada por causa dela.

Fico muito feliz quando a minha mãe sente que sua missão está se concretizando, especialmente quando ela consegue transformar os homens. Evidente que é preciso mudar a cabeça das mulheres, mas, se não mudarmos os homens, fica muito mais difícil. Todas as pessoas têm sempre algo a melhorar em si, inclusive eu e você – e até mesmo a minha mãe!

Quando li o primeiro livro que ela escreveu, *Viés inconsciente*, fiquei abismada com a quantidade de vieses que existem. Nem sabia que existiam tantos! Virei uma grande divulgadora do livro, levava debaixo do braço para a escola e distribuía para professores e professoras.

Aliás, estou concluindo o último ano do Ensino Médio e, agora, é possível escolher áreas profissionais. Decidi me aprofundar em engenharia, como a minha tia Beatriz. Quando entrei na sala, das 45 pessoas matriculadas, apenas sete eram mulheres. Nem parece que estamos em 2023. E detalhe: só eu e uma amiga conseguimos resolver os exercícios mais difíceis.

Já sei que não vou trabalhar na mesma área da minha mãe, pois quero estudar nanotecnologia nos Estados Unidos. Mas sei que vou levar comigo tudo o que aprendi com ela. Não vou conseguir, por exemplo, ficar em empresas onde eu não me sinta à vontade ou onde o clima seja tóxico. Se um dia eu abrir a minha própria empresa, não vou ter diversidade e inclusão só por estatística, para ficar com uma imagem boa. Tem que ser real, as pessoas precisam se sentir pertencentes de verdade.

Espero que você leia este livro com a mente aberta, com disposição para aprender algo novo. Não devemos achar que já sabemos tudo, que somos pessoas inclusivas e que este livro não é para nós. Dê uma chance a ele. Dê uma chance a você.

Como alguém que acompanha de perto o trabalho da Cris, posso garantir: não tem pessoa melhor do que a minha mãe para falar sobre como transformar a cultura do assédio e criar ambientes melhores de trabalho.

Boa leitura!
Beatriz Kerr, 18 anos

SUMÁRIO

CONVITE À CORAGEM 11

PARTE 1: DESCOBRIR

COMO A CULTURA MOLDA
COMPORTAMENTOS E ATITUDES 23

COMO A CRIAÇÃO DOS MENINOS
IMPACTA OS HOMENS 39

QUAL É A CONSEQUÊNCIA DA
CULTURA PARA AS MULHERES 65

PARTE 2: APROFUNDAR

CONHECENDO O ASSÉDIO MORAL
E SUAS IMPLICAÇÕES 89

COMO A CULTURA PERMITE E
INCENTIVA O ASSÉDIO SEXUAL? 105

VIOLÊNCIA CONTRA MULHERES 121

PARTE 3: AGIR

COMO PODEMOS E DEVEMOS
AGIR A PARTIR DE AGORA 139

DEPOIMENTO ARI MEDEIROS 155

DEPOIMENTO RAFAEL BARNEZ 161

DEPOIMENTO BEATRIZ KERR 165

DEPOIMENTO MARIA FERNANDA 171

SOBRE A AUTORA 176

CONVITE À CORAGEM

Todas as pessoas fazem parte da diversidade, inclusive os homens. No entanto, desde que comecei a trabalhar com este tema, em 2008, percebo como as pessoas mais interessadas são aquelas que fazem parte dos grupos minorizados, entre as quais mulheres, pessoas negras, pessoas com deficiência e pessoas LGBTQIAPN+.

Mas e os homens brancos, heterossexuais, cisgêneros e sem deficiência? É verdade que eles não fazem parte de grupos minorizados; mas certamente são uma parcela importante da diversidade da nossa sociedade.

Esse é o motivo que me leva a começar este livro estendendo o convite para que os homens também participem dessa conversa. Sei que muitos acreditam que não têm espaço de fala para se envolverem em ações de diversidade e inclusão ou sentem receio em se posicionar e dizer alguma coisa considerada errada.

No entanto, antes de mais nada, enfatizo que todas as pessoas têm lugar de fala. Podemos afirmar que nem todas têm representatividade em um diálogo sobre determinada questão social; e sim, homens brancos heterossexuais têm lugar de fala para

⚠ CULTURA ORGANIZACIONAL LIVRE DE ASSÉDIO ⚠

defenderem os direitos das mulheres ou de outros grupos minorizados. Podem e devem ser aliados, desde que entendam que não são os protagonistas.

Entendo o receio de os homens se posicionarem, considerando que cada vez mais as pessoas ouvem falar sobre os impactos negativos da cultura machista, LGBTfóbica e racista na nossa sociedade – parece até que é tudo culpa do homem! Mas vamos deixar explícito desde já: a cultura machista não é um comportamento exclusivo dos homens, pois a cultura está em todas as pessoas. É ela que molda as nossas crenças, comportamentos, costumes e leis.

Por isso, convido todas as pessoas, incluindo os homens, para repensarem a nossa cultura, que tem sido tão permissiva com comportamentos inadequados como o assédio moral e sexual. Nas próximas páginas, compartilharei muitas histórias que vivi como consultora de DIEP – diversidade, inclusão, equidade e pertencimento –, sendo algumas belas e transformadoras, outras que quase me fizeram desistir da minha missão.

Vamos abrir a mente para ter contato com outras reflexões e pontos de vista. Afinal, quanto mais escutamos, mais aprendemos. E aqui me refiro ao que está muito além do que o nosso ouvido capta: é necessário fazer um esforço consciente para escutar e compreender informações que, à primeira vista, discordamos.

O importante é estar disponível para desconstruir questões que já aprendemos, o que me lembra algo que aconteceu em um dos nossos treinamentos com uma grande empresa. O diretor comercial era a pessoa que fazia piadas preconceituosas o tempo inteiro, do início ao fim do treinamento. Cheguei a falar para a diretora de *compliance*, que também participava do treinamento, que deveria incluí-lo na matriz de riscos para o negócio. Eu estava falando sério, ele achou que era piada.

Desafiei-me a transformar a sua atitude. Contei várias histórias para me conectar com ele, incluindo uma vivenciada por meu amigo e advogado, Marcelo Gallego. Em dezembro de 2021, ele andava de mãos dadas com o namorado na Praça da República, em São Paulo, quando ouviu um grupo de pessoas gritar: "Veadinhos!". Só deu tempo de olharem para trás. Foram espancados. Marcelo perdeu seis dentes, o namorado teve traumatismo craniano.

Agora, porém, eu estava diante de um diretor comercial que adorava fazer piadas com os amigos, chamando-os de "bicha", "veado" ou "gayzinho". Mas será que algum dia ele pensara que estava colaborando de forma indireta, colocando lenha na fogueira para que alguém sem inteligência emocional agredisse pessoas nas ruas e até em suas próprias casas? Expliquei a ele que essas "piadas", na verdade, são graves e devem ser chamadas pelo nome correto: preconceito recreativo ou *bullying*.

A história do diretor comercial teve um desfecho mais feliz. Ao final do treinamento, que sempre tem como premissa a comunicação não violenta, ele me agradeceu dizendo "não ter ideia" do impacto de algumas de suas falas e do quanto poderiam estimular a violência. O que para ele "era só uma brincadeira" virou motivação para rever muitos de seus comportamentos e alcançar um novo nível de consciência como homem e gestor.

⚠ CULTURA ORGANIZACIONAL LIVRE DE ASSÉDIO ⚠

Esse é o meu combustível para escrever este livro. Quero demonstrar a importância de repensarmos como até mesmo as pequenas falas e atitudes do cotidiano, aparentemente inofensivas, alimentam uma cultura nociva e permissiva, que só gera exclusão.

Ou será que você nunca ouviu algumas dessas afirmações entre colegas do trabalho, amigos, amigas e familiares?

- *Ela deve estar de TPM.*

- *Essa é para casar. Aquela é para se divertir.*

- *Promovida tão rápido? Deve estar saindo com o chefe.*

- *Que mal-amada!*

- *Com essa roupa aí, pediu para ser assediada.*

- *A gravidez pode ser um empecilho para a sua carreira.*

- *Como assim você não quer casar ou ter filhos?*

- *Esse batom vermelho só pode ser para chamar a atenção.*

- *Ela é mais macho do que muito homem!*

- *Isso é coisa de mulherzinha.*

Todos esses comentários são expressões de preconceito de gênero, que já deveriam ter sido abolidos há tempos do nosso vocabulário. O que vou dizer pode parecer óbvio, mas todas as pessoas saem ganhando quando o respeito prevalece. Além disso, essas expressões bloqueiam o crescimento das mulheres no mercado de trabalho.

⚠ CULTURA ORGANIZACIONAL LIVRE DE ASSÉDIO ⚠

Aproveito para compartilhar alguns exemplos pessoais. Estou no mercado corporativo há décadas e já vivenciei muitas grosserias e injustiças. Impossível esquecer o pedido que me fizeram durante uma entrevista de emprego para trabalhar em uma multinacional do setor de cosméticos. "A vaga é para a área de tintura para cabelos", disse a recrutadora. "Você aceitaria mudar a cor dos seus fios?"

A solicitação parece inofensiva, mesmo muitos anos atrás já acendeu o alerta. "Sou loira", respondi. "Não vou mudar a cor do meu cabelo". A recrutadora insistiu, dizendo que isso era muito importante para a empresa. Eu agradeci e fui embora. Ninguém deveria mudar sua identidade para entrar em uma empresa.

Aposto que muitas mulheres também já viveram assédios mais graves, como o que narrei no meu primeiro livro, *Viés inconsciente*[2]. Certa vez, quando eu era responsável pelo setor de marketing e eventos de uma empresa de um setor extremamente masculino, meu chefe pediu que eu viajasse a Brasília para uma reunião de trabalho. O objetivo era apresentar um projeto comercial para o presidente de uma potencial empresa patrocinadora. "Faça qualquer coisa que tiver que fazer para fechar o projeto", ouvi do meu chefe.

Contei mais detalhes dessa proposta (que, na verdade, se chama assédio) no outro livro, mas dou um *spoiler* aqui: eu jamais teria qualquer envolvimento, com quem quer que fosse, em nome do fechamento de um negócio. E nenhuma mulher deveria ter que passar por situações como essa.

Toda essa problemática vai além das mulheres. Podemos citar diversas expressões racistas, que infelizmente ainda são

⚠ **CULTURA ORGANIZACIONAL LIVRE DE ASSÉDIO** ⚠

muito usadas. Diga-me se você nunca ouviu pelo menos uma das frases a seguir:

- *Vai entrar para a minha lista negra.*
- *A coisa está preta.*
- *Essa pessoa é a ovelha negra da família.*
- *Isto é serviço de preto.*
- *Isto aqui está o samba do crioulo doido.*
- *Nossa, como você é uma negra linda!*
- *Não sou tuas negas!*
- *Você é um negro de alma branca.*
- *Por que não existe um dia da Consciência Branca?*

Se o assunto é homofobia, o cenário também não é dos melhores. Poderíamos ocupar páginas e páginas com mais expressões preconceituosas, mas selecionei algumas que são tão absurdas quanto recorrentes:

- *Onde você comprou esta roupa não tinha para homem?*
- *Deixa de ser veado ou sapatão!*
- *Detesto ver dois homens (ou duas mulheres) juntos em local público.*
- *Esta gente é imoral.*
- *Quem é o homem (ou a mulher) dessa relação?*

⚠ **CULTURA ORGANIZACIONAL LIVRE DE ASSÉDIO** ⚠

- *Eu até tolero, mas ele é muito afeminado.*

- *Quando você virou gay (ou lésbica)?*

- *Bissexuais estão indecisos, na verdade não sabem o que querem.*

- *Mas qual é o seu nome de verdade?*

- *Nem parece trans. Parece homem (ou mulher) de verdade.*

Então, quer dizer que todas as pessoas que repetem essas frases são más e preconceituosas? Algumas podem ser, mas muitas outras não têm conhecimento e informação – e acabam reproduzindo padrões culturais e falando sem pensar.

Isso foi o que me levou a virar o jogo da minha carreira. Saí do mercado corporativo e abri uma empresa de consultoria em DIEP – diversidade, inclusão, equidade e pertencimento –, a CKZ Diversidade, que também tem, entre as soluções, a promoção de dois fóruns sobre o tema.

Minha grande motivação era transformar as pessoas e os ambientes para que a minha filha Beatriz, na época com apenas três anos, não sofresse os assédios que eu sofri. Descobri que essa era – e ainda é – a minha missão de vida.

Atualmente, minha filha está com 18 anos, prestes a entrar no mercado de trabalho. Infelizmente, já sabemos que ela ainda pode se deparar com uma cultura tóxica em algumas empresas. Algumas mudanças já começaram a acontecer, mas ainda estamos longe de nos orgulhamos de termos alcançado uma cultura realmente mais inclusiva e diversa.

⚠ CULTURA ORGANIZACIONAL LIVRE DE ASSÉDIO ⚠

E se recebêssemos as próximas gerações em um ambiente mais acolhedor? Meu grande desejo é conseguirmos nos unir para mudar a cultura do assédio na qual ainda vivemos.

Sonho com o dia em que todas as lideranças serão inclusivas e a saúde mental das pessoas não sofrerá danos no ambiente corporativo.

Precisamos ficar alertas, afinal, a Organização Mundial de Saúde (OMS)[3] estima que 12 bilhões de dias de trabalho são perdidos anualmente devido à depressão e à ansiedade, custando à economia global quase US$ 1 trilhão. Outro dado alarmante é que, até 2030, haverá mais mortes por doenças mentais do que por doenças cardíacas, que atualmente é a primeira causa de morte no mundo.

Para vivermos essa desconstrução e passarmos a ser agentes de transformação, é preciso ter coragem. E, para ter coragem, é preciso agir com o coração, como já indica a origem da própria palavra, que vem do latim *coraticum*.

Antecipo o que você encontrará pela frente. Dividi o livro em três partes, nomeadas com três verbos que nos convidam para a ação: descobrir, aprofundar e agir.

Na primeira parte, falo sobre como a cultura molda os nossos comportamentos desde a infância, fazendo com que as pessoas levem esses comportamentos para o ambiente de trabalho. Também mostro o impacto dessas atitudes na vida dos homens e das mulheres.

Na segunda parte, vamos aprofundar em como a cultura hierárquica e permissiva impulsiona o assédio moral, o assédio sexual e

⚠ **CULTURA ORGANIZACIONAL LIVRE DE ASSÉDIO** ⚠

a violência contra as mulheres. Também aprenderemos como muitos comportamentos inadequados levam a diferentes preconceitos com pessoas de grupos minorizados, entre elas mulheres, pessoas negras, LGBTQIAPN+, com deficiência e acima dos 50 anos, bem como o preconceito recreativo com a diversidade de corpos, religião, região de origem, entre outras.

Na terceira parte, vamos à prática. Como podemos ajudar a transformar a cultura do assédio em uma cultura inclusiva e respeitosa.

Além disso, como marca registrada desde que publiquei o livro *Viés inconsciente*, trago o depoimento de quatro pessoas. Dois homens contam como se desconstruíram para se tornarem agentes de transformação, e duas mulheres mostram como ambientes tóxicos, que permitem o assédio moral e sexual, impactaram suas carreiras.

O convite está feito. Com amor, empatia, respeito e colaboração, tenho certeza de que conseguiremos viver essa jornada de transformação. Vamos em frente!

Com carinho,

Cris Kerr,
11 de setembro de 2023

Referências

2. KERR, Cris. *Viés inconsciente*. São Paulo: Literare Books International, 2021.

3. ROCHA, Lucas. CNN. Cerca de 15% dos trabalhadores no mundo possuem transtornos mentais, diz OMS. *CNN Brasil*. São Paulo. 28/09/2022. Disponível em: https://www.cnnbrasil.com.br/saude/cerca-de-15-dos-trabalhadores-no-mundo-possuem-transtornos-mentais-diz-oms

⚠ PARTE 1: ⚠
DESCOBRIR

COMO A CULTURA MOLDA COMPORTAMENTOS E ATITUDES

Um dos meus vídeos preferidos para dar um panorama de como a cultura de muitas empresas funciona é o *Purl*, curta-metragem de animação produzido pela Pixar e disponível no YouTube[4]. A história é sobre a Purl, uma novelo de lã cor-de-rosa que um dia começa a trabalhar em uma empresa do mercado financeiro, a BRO Capital. Ao chegar ao escritório, ela já chama a atenção por não fazer parte do perfil dos seus colegas: todos são homens brancos vestindo terno cinza escuro.

Purl fica encantada com os novos ares profissionais, mas logo entende que, ali, sendo quem é, uma mulher com a sua mesa colorida e decorada por peças de crochê, não terá muito espaço para compartilhar ideias.

Na primeira reunião em que participa, ela é, literalmente, esmagada por dois colegas. Quando consegue se acomodar à mesa e se prepara para dar sua opinião, ouve que a sua sugestão é leve demais e que é preciso resolver o caso com "agressividade".

A cultura daquela empresa não a permite manifestar a própria individualidade. O sentimento de exclusão vai aumentando, por isso Purl começa a forçar o riso diante das piadas dos colegas, mesmo não achando graça nenhuma. E assim, vamos acompanhando a sua rotina, até o momento em que ela abre mão de ser quem é, para pertencer ao grupo.

Ela está prestes a desistir, afinal é a única diferente do grupo, o que inconscientemente gera uma falta de pertencimento. Além disso, ela não foi acolhida, escutada ou valorizada.

Um dos momentos mais marcantes acontece quando Purl olha para o painel de fotos dos ex-presidentes e todos são iguais: homens brancos, praticamente uma cópia um do outro. É nesse momento que ela entende que, naquela cultura, só seria aceita se fosse igual a eles na forma de se vestir, comunicar e agir – e é exatamente isso que ela passa a fazer.

Nesse curta-metragem de ficção, a protagonista consegue virar o jogo e, ao final da trama, volta a ser quem era. Mas nem sempre isso acontece no cotidiano das empresas, muitas vezes imersas em uma cultura que não abre espaço para a diversidade de pessoas.

Mas, para começar, o que significa a cultura de uma empresa? É com essa pergunta que sempre inicio os treinamentos sobre assédio moral e sexual que tanto eu quanto outras consultoras da CKZ Diversidade realizamos em organizações dos mais variados perfis.

Na sequência, explicamos o conceito definido pelo psicólogo e Ph.D. pela Universidade de Harvard, Edgar Schein: a cultura organizacional[5] é um conjunto de pressupostos, crenças, valores, rituais e normas criados por um determinado grupo. Assim, cada pessoa nova que entra na empresa

⚠ **CULTURA ORGANIZACIONAL LIVRE DE ASSÉDIO** ⚠

já aprende, apenas observando o ambiente, qual é a forma correta de perceber, pensar e sentir.

Como sempre repito, é o exemplo que cria a cultura. Não adianta escrever belos valores na parede do escritório e viver algo completamente diferente na prática.

Em outras palavras, é como a frase escrita no século 19 pelo escritor Ralph Waldo Emerson[6]: "o que você faz fala tão alto que eu não consigo ouvir o que você diz". O que vale são as atitudes e os comportamentos, e não o que é falado, principalmente pela liderança. A cultura é consolidada com ação e consistência.

Além disso, a empresa pode ter uma cultura forte e, mesmo assim, lidar com o desafio de cada liderança ter um comportamento diferente e fazer as coisas do seu jeito.

Um caso recente ilustra essa questão. Durante um treinamento em uma empresa que oferecia vinte dias de licença-paternidade, um dos diretores comentou que seu bebê havia nascido pouco tempo atrás. "Quantos dias de licença você tirou?", perguntei. "Seria bacana fazermos um vídeo com você falando sobre a importância desses vinte dias."

"Então, Cris, não fiquei os vinte dias porque estávamos no meio da entrega de um projeto superimportante...", ele respondeu. "Fiquei fora cinco dias mesmo."

Se um diretor daquela empresa se torna pai e fica apenas cinco dias longe do escritório, que exemplo estará dando a seu time? Será que os outros homens se sentirão confortáveis para ficar ao lado dos bebês recém-nascidos durante todo o prazo que lhes é permitido? A resposta é não. Eles seguirão exatamente o exemplo dado pela liderança.

Outro episódio que vivenciei também demonstra a importância de a liderança ser a primeira referência da cultura organizacional. Atendi uma empresa do setor financeiro que, desde a fundação, há mais de duas décadas, obrigava o uso do terno para homens durante o trabalho.

A regra durou até o neto do fundador da companhia assumir o comando. O novo CEO, mais descolado, passou a trabalhar de camisa e calça, sem sequer usar gravata.

Adivinha o que aconteceu? Em três dias, ninguém mais usava terno naquele ambiente. Essa é mais uma história que demonstra a força do exemplo que vem "de cima".

Tudo isso me faz pensar na origem da palavra cultura e como seu conceito remonta até mesmo à agricultura. Quando olhamos no dicionário[7], vemos que o termo também quer dizer ação ou processo de cultivar. É exatamente isso: plantar as sementes na terra, adubar, jogar água, nutrir e acompanhar até que seja possível colher.

Podemos estender o mesmo conceito para a sociedade e as empresas: precisamos lançar as bases e ficar de olho no que acontece, na forma como as coisas evoluem e mudam ao longo do tempo. Por isso é tão importante que as empresas considerem que a cultura organizacional não é fixa, mas que deve ser sempre acompanhada e revista, quando for o caso.

Essa revisão é ainda mais importante em empresas que ainda reproduzem uma cultura permissiva em relação ao assédio moral e sexual. É o caso da pergunta clássica que também ouço com certa

⚠ CULTURA ORGANIZACIONAL LIVRE DE ASSÉDIO ⚠

frequência: "Entendi que não posso mais fazer 'piadinha' dentro da empresa, mas e fora?". Ou ainda: "Poxa, mas sofri *bullying* a vida inteira e estou bem! Aprendi que o *bullying* fortalece a pessoa[8]".

Comentários como esses refletem um contexto profundo e enraizado. Muitas gerações cresceram assistindo a programas de TV que seriam totalmente inaceitáveis atualmente. Estamos falando do Chacrinha, que hipersexualizava as mulheres, dos Trapalhões, Chico Anísio Show, Sai de Baixo, Casseta e Planeta, programas cheios de expressões racistas, machistas, LGBTfóbicas, gordofóbicas, etaristas, xenofóbicas, entre muitos outros preconceitos, que foram entendidos como "é apenas uma piada, uma brincadeira".

Todas essas atrações ficaram quase 30 anos no ar, na TV aberta, com audiência alta. Sem dúvida, esse é um dos motivos pelos quais muitas gerações naturalizaram determinadas piadas. E o que é pior: acreditam, até hoje, se tratar de brincadeiras sem impacto ou consequência.

Durante as consultorias, também já ouvi vários homens dizerem o seguinte: "Quanto mais amigo eu sou, mais falo 'oi, veado' ou 'vem cá, sua bicha!'. É uma prova de amizade". Essa é uma amizade criada na base do insulto. Afinal, quanto mais amigo eu sou, mais me sinto à vontade para insultar.

As pessoas não se dão conta de que essas "brincadeiras" de péssimo gosto, usadas com colegas de trabalho, são geralmente as mesmas usadas por quem comete crimes graves, como os ataques sofridos pela população LGBTQIAPN+ nas ruas.

Imagino que essas pessoas desconhecem o custo emocional da cultura do assédio, que traz consigo o *bullying*[9] e o preconceito. Os

⚠ CULTURA ORGANIZACIONAL LIVRE DE ASSÉDIO ⚠

custos são altos, geram estresse e ansiedade, que levam a sintomas como distúrbios do sono, problemas gastrointestinais, dores de cabeça, palpitações e dor crônica[10].

Sempre reforço que não é porque erramos no passado, que devemos continuar errando no presente e no futuro. A base das nossas relações deve estar no respeito, na empatia e na colaboração. Afinal, temos similaridades e diferenças.

Depois de começar os treinamentos falando sobre o que significa cultura, explico que o assédio moral é uma conduta repetitiva e abusiva em que a pessoa é submetida a situações humilhantes e constrangedoras[11]. Isso fere a dignidade e a integridade física e psíquica da pessoa, ameaçando o seu emprego e degradando o clima organizacional.

Entre as atitudes mais comuns que são consideradas assédio moral, estão os gritos e batidas na mesa, críticas em público ou os apelidos constrangedores – mesmo quando a pessoa diz que não se incomoda em ser chamada daquela forma. Afinal, na maioria dos casos, ela aceita o apelido como uma tentativa de ser incluída naquele ambiente e não sofrer ainda mais *bullying*.

Já o assédio sexual, como o nome indica, refere-se à abordagem com intenção sexual de obter vantagem ou favorecimento sexual. Por exemplo, insinuar ou mesmo afirmar diretamente que, se a pessoa aceitar sair com quem está acima na hierarquia, pode ser beneficiada em futuros processos de promoção na empresa.

Tão importante quanto falar sobre os assédios é mencionar o que significa a retaliação, que ocorre quando uma pessoa sofre perseguição por ter se oposto a uma conduta inadequada no local

⚠ **CULTURA ORGANIZACIONAL LIVRE DE ASSÉDIO** ⚠

de trabalho, ter comunicado uma preocupação ou participado de alguma investigação. Veremos mais adiante que muitas pessoas não denunciam situações de assédio justamente pelo risco real de sofrerem retaliação, agravando ainda mais o seu dano emocional.

Em linhas gerais, tamanha pressão no trabalho, que é fruto da cultura na qual as pessoas estão inseridas, caracteriza-se por atos e palavras ofensivas, sejam explícitos ou sutis. Essas atitudes desqualificam, discriminam, humilham e constrangem as relações de trabalho, o que compromete a dignidade das pessoas e pode causar sérios danos à saúde física e mental[12]. Além disso, todo o ambiente fica prejudicado quando essas situações acontecem.

Lembro do dia em que uma amiga me procurou, aflita, para contar o que havia acabado de acontecer na empresa onde era gerente: "Cris, o meu diretor me abraçou por trás no elevador. Estou nervosa até agora, foi horrível". Era um caso evidente de assédio sexual, que a deixou bastante abalada.

Indiquei que ela abrisse uma denúncia, mas ela decidiu conversar com o presidente da companhia antes. Essa foi a resposta que ouviu: "Você vai mesmo querer denunciar um dos caras mais importantes da empresa?".

Infelizmente, a cultura da permissividade com o assédio sexual e moral é real em muitas empresas. Não demorou muito tempo para que a minha amiga, uma executiva brilhante, pedisse demissão daquela companhia. O diretor que a assediou, por sua vez, manteve sua carreira e não sofreu nenhuma punição.

São situações como essa e tantas outras que levam muitas mulheres e pessoas de grupos minorizados a deixarem o mundo

⚠ CULTURA ORGANIZACIONAL LIVRE DE ASSÉDIO ⚠

corporativo, abrindo mão dos cargos de liderança. Segundo uma pesquisa da Barbara Annis Associates (BAA) realizada nos Estados Unidos, 82% das mulheres se sentem excluídas no ambiente corporativo[13]. Isso vale para reuniões formais, eventos, encontros ou conversas informais e até processos de *feedback*.

Diante disso, ainda conforme o levantamento da BAA, desta vez feito com mais de duas mil mulheres que deixaram os cargos de liderança em empresas listadas na Fortune 500, 68% das colaboradoras não se sentiam valorizadas – esse era o motivo número um para saírem da posição que ocupavam. Além disso, 65% sentiam-se excluídas e outras 55% das entrevistadas afirmaram não ter as mesmas oportunidades de seus colegas homens.

Enquanto isso, muitas pessoas ainda acreditam que o motivo número um para que as mulheres deixem os cargos de liderança é a dificuldade para conciliar a vida pessoal com a profissional. No entanto, como mostrou a pesquisa da BAA, apenas 30% delas declararam ter esse problema.

Como vemos, dizer que as mulheres não têm ambição em crescer na carreira é um mito. O que acontece, na prática, está diretamente ligado à cultura: devido ao contexto no qual vivemos, elas têm menos oportunidades de atingir cargos de liderança do que os homens e tendem a enfrentar mais microagressões nas relações interpessoais.

Na maior parte dos casos de assédio no mundo corporativo, as mulheres ainda são as vítimas. Uma pesquisa focada na área de comunicação, por exemplo, mostrou que 72% das mulheres já

⚠ **CULTURA ORGANIZACIONAL LIVRE DE ASSÉDIO** ⚠

sofreram assédio no trabalho. Esse mesmo estudo realizado pela Associação Brasileira de Comunicação Empresarial (Aberje) também descobriu que 77% das mulheres já presenciaram atos de assédio contra outras colegas no local de trabalho[14].

Está nas nossas mãos romper com esses padrões e entender que valorizar e reconhecer as diferenças entre as pessoas, trazendo mais conscientização para quem está ao nosso redor, favorece a criação de uma cultura inclusiva. No final das contas, este é o melhor resultado e todas as pessoas saem ganhando.

As consequências de "deixar passar"

Outro vídeo que sempre gosto de recomendar é o #DearDaddy, disponível no YouTube[15]. Nele, uma filha que ainda está na barriga da mãe vai narrando para seu pai como ele, de forma inconsciente, ajudou a construir e a perpetuar a cultura do assédio sexual, do preconceito de gênero e do desrespeito em relação às mulheres, inclusive sem perceber que estaria afetando a própria filha no futuro.

Em um relato aberto e verdadeiro ao pai, a filha comenta como ele tem inúmeros cuidados desde o momento em que ela ainda está na barriga, entre os quais proibir a mãe dela de comer peixe cru.

A filha também lista todos os cuidados protetores que acompanham seus primeiros anos de vida como menina. Tudo parece seguir bem até o dia em que, na escola, um menino a chama de "puta" – mas era só uma "brincadeira", assim como seu pai tinha feito quando ele era adolescente.

A violência sofrida pela filha vem de meninos que foram criados pelos amigos do pai, aqueles com quem seu pai costumava rir

⚠ CULTURA ORGANIZACIONAL LIVRE DE ASSÉDIO ⚠

ao contar piadas machistas, sem sequer imaginar que a vítima, um dia, poderia ser a própria filha...

O material nos faz pensar nas consequências de "deixar passar" frases e expressões que demonstram machismo, violência de gênero e desigualdade.

Além de impactante, o vídeo é um convite para olharmos a vida e entendermos como a cultura do assédio pode expor as mulheres a essas agressões – são as nossas filhas, mães e esposas que passaram ou ainda passarão por situações como essa.

Recentemente, fui convidada para dar um treinamento em uma empresa na qual o CEO não se conformava com o fato de a sua única diretora mulher ter pedido demissão. Ele contou que não conseguia entender por que a expressão "isto aqui está um samba do crioulo doido", dita por ele no meio de uma reunião, havia sido o estopim para que ela, uma mulher negra, deixasse a empresa. Na verdade, imagino como essa tenha sido a gota final entre outras microagressões.

Quando uma liderança pratica o preconceito recreativo ou *bullying*, ela está promovendo a cultura do assédio, o que leva a uma reação em cadeia. Tais comportamentos inadequados são percebidos como parte da cultura da empresa – e as pessoas acabam seguindo essas atitudes. Alguns entendem que, seguindo o exemplo da liderança, podem chegar aos cargos de gestão e liderança; outras seguem por medo de demissão, entre outras penalidades.

O contrário também pode acontecer: quando uma liderança é aberta, inclusiva, diversa e tem boas práticas de equidade,

⚠ **CULTURA ORGANIZACIONAL LIVRE DE ASSÉDIO** ⚠

promovendo o senso de pertencimento em suas equipes, os demais setores também são estimulados a seguir uma comunicação não violenta, com alto nível de empatia e respeito.

A diversidade acompanhada de inclusão, equidade e pertencimento é o caminho para mudarmos a realidade apontada por diversas pesquisas, incluindo a do Fórum Brasileiro de Segurança Pública, que mostrou que, no Brasil, 8,9 milhões de mulheres foram vítimas de abuso e/ou assédio no ambiente de trabalho em 2020[16].

Conforme o mesmo levantamento, 37,9% das brasileiras foram vítimas de algum tipo de assédio sexual nos últimos 12 meses, o equivalente a 26,5 milhões de mulheres. A pesquisa traz ainda um dado alarmante: o ambiente de trabalho e o transporte público são os locais mais hostis e propícios ao assédio às mulheres — piores do que festas e baladas.

Como sou uma mulher branca e heterossexual, acabo trazendo exemplos e referências a partir da minha própria identidade. Mas podemos estender o impacto dessa cultura de "deixar passar" para as pessoas de todos os grupos minorizados.

Nas consultorias que realizo, também é muito comum ouvir lideranças que contrataram pessoas LGBTQIAPN+, especialmente pessoas trans, afirmarem que elas "não conseguiram entregar" o que era esperado delas, por isso "preferiram sair da empresa".

Nessa hora, pergunto se o ambiente de trabalho oferecia segurança psicológica ou, em outras palavras, condições para que ela se desenvolvesse plenamente e, assim, entregasse seu melhor. Havia ali uma cultura em que ela podia ser quem é? Suas ideias eram acolhidas? Como eram os olhares para essa pessoa?

Nessa hora, a pessoa que fez o comentário começa a pensar e admite que, na verdade, o clima até era bom no seu departamento, mas não era lá tão inclusivo na empresa como um todo.

O conceito de segurança psicológica nos ajuda a entender a importância da inclusão, da liderança humanizada e da criação de um ambiente corporativo no qual as pessoas possam ser quem são.

De acordo com a professora de liderança da Universidade de Harvard, Amy Edmondson[17], a chamada segurança psicológica de um time é "uma crença compartilhada pelas pessoas de uma equipe em que há segurança para assumir riscos interpessoais". A autora explica que esse é um fator essencial para que as pessoas cresçam, aprendam e tenham um desempenho cada vez melhor.

Nesse sentido, além do exemplo da liderança, a confiança e o respeito entre as pessoas da equipe são muito importantes. Vale lembrar que o suporte pela organização na qual a equipe atua é outro ponto essencial para a segurança psicológica. Em resumo, se a segurança psicológica é alta, o desempenho e o aprendizado serão elevados também.

Além das mulheres, pessoas negras, pessoas com deficiência, pessoas LGBTQIAPN+, entre outros grupos minorizados, os homens heterossexuais também podem ser vítimas de ambientes nos quais o assédio prevalece.

Observe se você nunca ouviu, em sua carreira, comentários como "ele é sensível demais". Se ouviu reclamações assim, são altas as chances de a companhia não ter um ambiente muito inclusivo e respeitoso.

⚠ CULTURA ORGANIZACIONAL LIVRE DE ASSÉDIO ⚠

Agora faço uma pausa para perguntar: depois de ler estas páginas e chegar ao final deste capítulo, você ainda imagina ser promovido em uma companhia na qual a cultura não inclua o respeito e a inclusão? E você, que está à frente do próprio negócio, quer que a sua empresa seja liderada com base em uma cultura que permita os assédios moral e sexual?

Ambientes tóxicos dificultam o desenvolvimento das pessoas, assim como ambientes inclusivos e humanizados abrem o caminho para que todas as pessoas performem melhor. Esse é um dos motivos pelos quais as empresas precisam cuidar tão bem de sua cultura.

Por fim, gosto de fazer a seguinte reflexão: "será que sua filha, filho, sobrinho ou sobrinha gostaria de ter você como liderança? Como será que ele ou ela se sentiria trabalhando na sua empresa?".

SUGESTÕES PARA IR ALÉM

LIVROS:

- BARRETT, Richard. *A organização dirigida por valores*: liberando o potencial humano para a performance e a lucratividade. Rio de Janeiro: Alta Books Editora, 2017.

- KOFMAN, Fred. *Liderança e propósito*: o novo líder e o real significado do sucesso. Tradução: William Zeytounlian. 1. ed. Rio de Janeiro: Harper Collins, 2018.

VÍDEO:

- TEDxSaoPauloSalon. *Precisamos romper com os silêncios.* Djamila Ribeiro. Disponível em: https://www.youtube.com/watch?v=6JEdZ-QUmdbc. Acesso em: 10 mai. 2023.

CURSO:

- *Linkedin Segurança Psicológica* - Amy Edmondson - Professora na Harvard Business School. 2020. Disponível em: https://www.linkedin.com/learning/psychological-safety-clear-blocks-to-innovation-collaboration-and-risk-taking/psychological-safety-clear-blocks-to-problem-solving-and-innovation. Acesso em: 10 mai. 2023.

Referências

4. *PURL*. Direção: Kristen Lester. EUA: Pixar SparkShorts. Pixar Studio. 2019. Curta (filme) 8min43. YouTube. Disponível em: https://www.youtube.com/watch?v=B6uuIHpFkuo

5. SCHEIN, Edgar - Model of Organization Culture. MSG Management Study

Guide. Disponível em: https://www.managementstudyguide.com/edgar-schein-model.htm

6. EMERSON, Ralph Waldo. Culture. Disponível em: https://emersoncentral.com/texts/the-conduct-of-life/culture/

7. DICIO. *Dicionário Online de Português*. Disponível em: https://www.dicio.com.br/cultura/

8. HAGER AD, Leadbeater BJ. The longitudinal effects of peer victimization on physical health from adolescence to young adulthood. *Journal of Adolescent Health*. 2016 Disponível em: https://pubmed.ncbi.nlm.nih.gov/27664596/

9. BARBER, N. Do Extroverts Manage Stress Better. 2017. Disponível em: https://www.psychologytoday.com/intl/blog/the-human-beast/201701/do--extroverts-manage-stress-better

10. HUNTER SC, Durkin K, Boyle JM, Booth JN, Rasmussen S. Adolescent bullying and sleep difficulties. *Europe's Journal of Psychology*. 2014. Disponível em: https://www.pure.ed.ac.uk/ws/portalfiles/portal/21875054/Hunter_Durkin_Boyle_etal_EJoP2014_adolescent_bullying.pdf

11. CNJA. Conselho Nacional de Justiça. Assédio moral, sexual e discriminação. Política de Prevenção e Enfrentamento no Âmbito do Poder Judiciário. Disponível em: https://www.cnj.jus.br/wp-content/uploads/2021/09/cartilha-assediomoral-aprovada.pdf

12. MCEWEN BS, MCEWEN CA. *Emerging Trends in the Social and Behavioral Sciences*: An Interdisciplinary, Searchable, and Linkable Resource. Scott RA, Kosslyn SM, Pinkerton N, editors. New York: J. Wiley; 2015.

13. KERR, Cris. Workshop Inteligência de Gênero. *CKZ Diversidade*. Disponível em: https://ckzdiversidade.com.br/consultoria-especializada/workshop--inteligencia-de-genero/

⚠ CULTURA ORGANIZACIONAL LIVRE DE ASSÉDIO ⚠

14. FELIPPE, Marina. 72% das mulheres sofreram assédio no trabalho, aponta pesquisa da Aberje. *Exame*. São Paulo. 07/05/2022. Disponível em: https://exame.com/esg/72-das-mulheres-sofreram-assedio-no-trabalho--aponta-pesquisa-da-aberje/

15. *#DearDaddy*. DIVINOT. 2015. (filme) 4min59. YouTube. Disponível em: https://www.youtube.com/watch?v=5NoxIRV38Xo

16. Fórum Brasileiro de Segurança Pública - Visível e Invisível: A Vitimização de Mulheres no Brasil. 3. ed. 2021. Disponível em: https://forumseguranca.org.br/wp-content/uploads/2021/06/relatorio-visivel-e-invisivel-3ed--2021-v3.pdf

17. EDMONDSON, Amy C. Psychological Safety. Disponível em: https://amycedmondson.com/psychological-safety/

COMO A CRIAÇÃO DOS MENINOS IMPACTA OS HOMENS

Os resultados de uma pesquisa realizada pelo Boston Consulting Group confirmam a importância dos homens para a transformação que desejamos fazer nas empresas e na nossa sociedade: os programas de diversidade e inclusão têm 96% de sucesso quando homens estão ativamente envolvidos. Já nas empresas em que eles não estão envolvidos, o progresso é de apenas 30%[18].

Além disso, é importante destacar que os resultados positivos ocorrem quando envolvemos homens em posições de liderança cujo comportamento serve de exemplo para toda a empresa, assim como a média liderança, especialmente aqueles que são responsáveis pelas contratações.

Afinal, conforme já comentei no livro *Viés inconsciente*, temos a tendência de contratar a pessoa mais parecida conosco[19], por isso homens brancos têm uma tendência inconsciente de contratar outros homens brancos.

A neurociência já nos mostra como é mais fácil um homem influenciar outros homens[20]. Quando uma mensagem é transmitida por alguém semelhante a nós e, principalmente, por alguém que admiramos, a probabilidade de escutar atentamente e aceitar essa mensagem é muito maior.

É interessante notar como até mesmo palavras aparentemente inofensivas impactam o nosso inconsciente e a maneira como as pessoas são vistas pela sociedade. Um exemplo que costuma acontecer com frequência no ambiente corporativo é a forma como chamamos as mulheres. Você costuma cumprimentar as suas colegas e colaboradoras com "oi, meninas, mocinhas ou garotas!"?

Já parou para pensar que usar essas palavras, em vez de mulheres, pode ser um modo, ainda que inconsciente, de diminuir a força do gênero feminino? Como seria chegar ao escritório amanhã e simplesmente dizer "bom dia, mulheres!"?

Sempre me incomodo quando alguém chama um grupo de mulheres adultas de "meninas, mocinhas ou garotas". Entendo que as pessoas podem usar essas expressões com a melhor das intenções, talvez até de forma carinhosa, mas preciso lembrar que as palavras impactam o nosso inconsciente e a forma como as mulheres são vistas pela sociedade[21].

Alguns anos atrás, a atriz Mayim Bialik (da série *Big Bang Theory*) publicou um vídeo no YouTube explicando por que a nossa linguagem importa e por que deveríamos parar de chamar de "meninas" as mulheres que têm mais de 18 anos[22].

Como ela diz, chamar mulheres adultas assim implica que elas são inferiores aos homens, mesmo que essa não seja a intenção da maioria das pessoas. Sei que esse é um tema que causa estranhamento a primeira vez que pensamos a respeito, mas realmente acredito ser importante pararmos de infantilizar as mulheres à nossa volta.

⚠ **CULTURA ORGANIZACIONAL LIVRE DE ASSÉDIO** ⚠

Provavelmente, você nunca parou para pensar sobre tudo isso. Talvez até esteja pensando: "mas as próprias mulheres se chamam de meninas!". É sempre tempo de rever os nossos conceitos e vieses inconscientes, tanto homens quanto mulheres, melhorando os relacionamentos ao nosso redor.

Para organizar a nossa reflexão daqui por diante, dividi as consequências da cultura do assédio sobre os homens em três pilares: na vida pessoal, na carreira e na cultura das empresas. Em todas essas esferas, os homens têm papel fundamental na perspectiva de mudança, uma vez que influenciam outros homens e ainda ocupam grande parte dos cargos de liderança nas empresas.

Vida pessoal

Sempre comento sobre uma cena da série *Bridgerton,* que se passa em Londres no século 19 e retrata o papel dos homens e das mulheres 150 anos atrás. Em um episódio da segunda temporada, um dos homens conversa com seu irmão e afirma que quer se casar. Ele então diz quais são seus dois únicos pré-requisitos: que a mulher tenha pelo menos meio cérebro e quadris adequados para uma gestação.

Essa fala chocante dá uma pista de como a nossa cultura construiu crenças de que homens são superiores às mulheres – nesse caso retratado pela série, lançada em 2020, as mulheres teriam menos inteligência. É como se as pessoas tivessem um papel específico e limitado, um padrão de comportamento, o que para as mulheres seria cuidar da casa e das crianças.

⚠ **CULTURA ORGANIZACIONAL LIVRE DE ASSÉDIO** ⚠

Estamos falando de um conjunto de estereótipos que pregam, entre outras coisas, que os homens desde meninos devem ser sempre fortes, durões e corajosos. Eles não podem ter medo, não levam desaforo para casa, devem ser os provedores da família e não podem demonstrar nenhum sentimento, com exceção da raiva e da agressividade.

Se você é homem, aposto que quando era menino já foi repreendido por algum familiar com frases como "seja homem", "homem não chora" ou "pare de chorar igual a uma menina!".

A cultura machista é apresentada aos meninos desde cedo e, além de não desenvolver os sentimentos comuns a todos os seres humanos, ainda incentiva que eles sejam dominantes em relação às mulheres. Homens e meninos devem sempre "cantar" uma mulher na rua e fazer alguma provocação quando elas passam; devem preservar a imagem de "pegador" e "conquistador".

Assim, acabamos naturalizando frases que não deveriam ser aceitas, entre as quais "tem que pegar todas" e "cuida da sua cabra que o meu bode está solto". O homem que tem esse comportamento recebe a validação social e ainda é chamado de garanhão – nome dado ao cavalo destinado à reprodução. Ou você nunca ouviu nada parecido com isso na sua família e nos seus círculos de amizade?

A consequência pessoal desses comportamentos para os homens é a chamada masculinidade tóxica[23]. Lembro de uma das primeiras vezes em que usei essa expressão em um treinamento, e um homem levantou a mão para fazer a seguinte pergunta: "Por que você está falando que nós somos tóxicos?".

⚠ CULTURA ORGANIZACIONAL LIVRE DE ASSÉDIO ⚠

Reforço que não são os homens que são tóxicos. É a cultura que acaba fazendo com que eles inconscientemente ajam contra eles mesmos. Vemos essa cultura que aprisiona sendo muito bem retratada no documentário *The Mask You Live In*[24], dirigido por Jennifer Siebel Newsom e lançado em 2015.

Um dos grandes diferenciais do filme está na apresentação de como a cultura machista também é prejudicial aos próprios homens. Afinal de contas, meninos que não podem se expressar são pressionados, podendo se tornar homens tensos e infelizes. Não há outro caminho.

A educação baseada no que é ou não "coisa de homem" tem consequências sérias na formação e no modo como os garotos se comportam quando viram adultos. E aqui entram, entre outras violências, a proibição de chorar – uma emoção que foi associada à fraqueza.

No documentário, também refletimos sobre o fato de que, geralmente a partir dos dez anos, os meninos são proibidos de externar afetividade e abraçar carinhosamente os amigos.

Em outro documentário que sempre recomendo, *Precisamos falar com os homens? Uma jornada pela igualdade de gênero*[25], realizado pela ONU Mulheres em parceria com o Papo de Homem, descobrimos que 56% dos homens gostariam de ter uma relação mais próxima com os amigos, mas não fazem isso por receio de serem julgados.

Como consequência, quando se tornam adultos, muitos deles recorrem às bebidas alcoólicas para conseguir extravasar e demonstrar o seu amor por amigos e familiares.

⚠ CULTURA ORGANIZACIONAL LIVRE DE ASSÉDIO ⚠

Também é muito comum ouvirmos relatos de famílias nas quais os meninos são proibidos de se divertirem com qualquer brinquedo considerado de "menina" ou usar roupas cor-de-rosa, como o filho da minha colega ouviu na escola. Com essa vivência, dificilmente ele se sentirá livre para levar adiante essa brincadeira.

Recentemente, uma colega me contou que o seu filho, de 7 anos, havia chegado da escola reflexivo após ouvir pela primeira vez que "só meninas usam rosa". Por coincidência, o pai do menino, que estava por perto enquanto a criança falava sobre uma possível relação entre cores e gênero, vestia uma camiseta rosa.

"Olha lá o seu pai!", disse minha colega. "Veja como não existe cor de menina e de menino. As cores são livres, assim como as pessoas. Todo mundo pode usar a cor que quiser".

Esse é um episódio aparentemente simples, mas que nos mostra o papel dos homens como agentes de transformação na desconstrução de estereótipos e crenças.

Vale lembrar que aprendemos pelo exemplo e a partir dos reforços e orientações que recebemos. Com isso, os meninos crescem reproduzindo comportamentos inadequados porque entendem que, dessa forma, serão valorizados pela família e pela sociedade. Quem vai na direção contrária é punido.

O nosso desafio é desaprender tudo isso, o que começa nas nossas casas e vivências pessoais, se estendendo depois para os outros círculos sociais dos quais fazemos parte.

Avançando nesse tema, vemos como há muitas consequências da educação machista, entre as quais a tendência que muitos homens têm de insistir em uma cantada e não compreender que o

⚠ **CULTURA ORGANIZACIONAL LIVRE DE ASSÉDIO** ⚠

"não" de uma mulher é realmente "não" – um erro que muitas vezes leva ao assédio sexual.

Outro documentário que gera bastante reflexão sobre o modelo de masculinidade imposto pela sociedade é *O silêncio dos homens*[26], que reflete sobre as dores e as opressões que afetam os meninos desde a infância. Esse filme também foi produzido pelo Papo de Homem, canal de conteúdo que recomendo fortemente que você siga.

De acordo com a pesquisa apresentada no documentário, seis em cada dez dos homens entrevistados declaram lidar com algum tipo de distúrbio emocional. Os principais deles são ansiedade, depressão, insônia, vício em pornografia, álcool, drogas, comida, apostas e jogos eletrônicos.

Ainda de acordo com a mesma pesquisa, 83% das mortes por homicídios e acidentes no Brasil são de homens – que, aliás, vivem em média sete anos menos que as mulheres. Além disso, a taxa de suicídio entre eles é quase quatro vezes maior.

E mais: 17% têm algum tipo de dependência alcoólica e 30% enfrentam ejaculação precoce ou disfunção erétil. Também de acordo com as entrevistas feitas para o documentário, em caso de abuso sexual, eles levam em média 20 anos para contar para alguém.

Todas essas constatações são sérias, tristes e, acima de tudo, decorrência de toda a construção social baseada na definição de papéis.

Como podemos constatar, ensinamos aos homens que demonstrar emoção é ter fraqueza, o que os desumaniza e os impede de desenvolver inteligência emocional. Ao não aprenderem a lidar com as próprias emoções, eles também terão dificuldades

⚠ CULTURA ORGANIZACIONAL LIVRE DE ASSÉDIO ⚠

para lidar com as emoções das outras pessoas no futuro, comprometendo a empatia[27].

Destaco mais dados alarmantes do documentário:

- seis em cada dez homens afirmam ter sido ensinados, na infância ou adolescência, a não expressarem suas emoções;

- sete em cada dez homens foram ensinados a não demonstrarem fragilidade;

- 78% dos homens afirmam que foram ensinados a NÃO se comportarem de modo que pareçam femininos;

- 68% declaram ter o pai como referência de masculinidade, sendo que só um a cada dez já conversou com o pai sobre o que significa ser homem.

Esses números só reforçam a necessidade de os homens refletirem a respeito do fato de serem espelho para seus filhos[28] – e pensarem nas consequências das suas ações não apenas para a própria felicidade, como também para a formação das crianças.

Esse é um trabalho de base que pode, no futuro, não levar seu filho a procurar o bar para esquecer seus problemas, por exemplo. Ou, no outro extremo, a acreditar que deve resolver seus problemas sozinho, como fazem os super-heróis clássicos que só existem na ficção.

São questões profundas e complexas. Dores e opressões que saem das casas e ganham o mundo com reflexos imensuráveis. A seguir, vamos destacar o impacto da cultura do assédio no que se refere ao trabalho e ao aspecto profissional da vida dos homens.

Todos esses comportamentos da sociedade, que podem estar presentes tanto entre homens quanto entre mulheres, acabam reprimindo as emoções de muitos homens.

Carreira

Por consequência, esses comportamentos também trazem consequências para a cultura organizacional das empresas, que ainda guardam características da cultura militar de comando e controle das gerações passadas.

Isso privilegia um perfil de liderança mais agressivo, focado na hierarquia e nas figuras de quem manda e quem obedece. Não há espaço para a humanização e para o receio de não saber fazer algo.

Práticas como bater na mesa e gritar ainda são comuns no século 21, e muitas vezes aceitas sob o argumento de que esse é "o jeito dele ou dela". As pessoas que não se adequam são muitas vezes consideradas "leves demais" e, então, descartadas.

Como já comentei, trabalho no mundo corporativo há mais de 30 anos, primeiramente como executiva e agora como consultora. Infelizmente, posso afirmar que essas práticas tóxicas ainda fazem parte do dia a dia de muitas empresas.

Todos os dias escuto relatos de mulheres executivas recebendo *feedbacks* de que elas não foram escolhidas para o cargo de liderança, pois a área é muito masculina, e elas não têm "perfil" para liderar homens. Precisam ser mais agressivas, mais assertivas, mais impositivas, mais... Fico pensando se ainda estamos no século 19.

⚠ CULTURA ORGANIZACIONAL LIVRE DE ASSÉDIO ⚠

Por outro lado, conheço vários homens que já entenderam que o mundo mudou. Gustavo Werneck, CEO da Gerdau, disse em seu LinkedIn[29]: "O meu papel de CEO está muito mais ligado ao conceito de ser um Chief Enabling Officer[30], servindo como um habilitador para que as pessoas possam desenvolver todo o seu potencial, seja na Gerdau ou na sociedade. Conceitos tradicionais de liderança do tipo comando e controle, que estimulam a criação de centros de poder e egos elevados, não fazem mais sentido".

Mas essa não é a realidade na maioria das empresas. Durante um processo de *coaching* em grupo com mulheres, um relato me chocou. A presidente da associação das empregadas domésticas de um estado do Nordeste vivenciou uma situação constrangedora em seu próprio escritório.

Havia uma reunião agendada entre um conhecido empresário local e a dirigente máxima da associação – no caso, ela mesma.

O tal empresário chegou à sede da entidade antes do horário e ela, uma mulher negra, e que estava sozinha no local, o deixou entrar. Foi quando a grosseria começou: "O presidente não vai me atender?", perguntou o empresário. "Me passa o celular dele, não tenho tempo a perder!".

Diante das intimidações, ela respondeu em um tom mais alto: "A presidente aqui sou eu". Não satisfeito, ele ainda foi capaz de responder: "Não acredito que você seja o presidente, afinal, é uma mulher".

Infelizmente, na prática, situações como essa ainda são muito comuns. Também escuto muitos relatos de homens que pediram demissão: "Não dá para ouvir a pessoa te chamar de ignorante, burro ou incompetente na frente da equipe toda".

⚠ **CULTURA ORGANIZACIONAL LIVRE DE ASSÉDIO** ⚠

Com o modelo militar, vem a extrema concorrência, o modelo meritocrático, a avaliação individual e isolada do contexto e do ambiente de trabalho. Um cenário no qual as pessoas profissionais são estimuladas a competir com quem está ao lado, em vez de trabalharem juntas.

Essa competitividade sempre me leva à reflexão sobre ser ou não justo acreditar na eficácia da meritocracia. Quando alguém da liderança me conta que contrata e promove as pessoas mais talentosas da equipe considerando o sistema de meritocracia, gosto de sugerir imaginarmos duas pessoas que são colegas de faculdade.

A primeira está ali após estudar em colégios particulares e ter um diploma de inglês em um cursinho extracurricular. Os pais pagam pela faculdade e, quando chegar o momento de procurar estágio, é provável que eles a indiquem para algum contato do círculo de relacionamento pessoal ou profissional.

Já a segunda pessoa trabalha durante o dia para pagar a faculdade e ajudar nas despesas mensais da família. Desde criança estudou em escolas públicas, não tem fluência em um segundo idioma e não conhece pessoas que podem apresentá-la para potenciais vagas de estágio. Seria justo comparar as duas trajetórias e afirmar que ambas têm a mesma oportunidade de subir os degraus da escada da meritocracia?

O mérito só pode ser considerado justo quando as oportunidades forem iguais para todas as pessoas. Afinal, muitas vezes o sucesso não é consequência de habilidade e inteligência, mas sim de sorte e berço.

⚠ **CULTURA ORGANIZACIONAL LIVRE DE ASSÉDIO** ⚠

Também trago para esta conversa o assunto do meu primeiro livro, *Viés inconsciente*. Esse padrão de pensamento do qual muitas vezes não somos conscientes distorce a forma como fazemos as nossas escolhas e ainda por cima nos leva a acreditar que estamos sendo pessoas justas[31].

Para exemplificar como isso acontece na prática, gosto de propor que as pessoas imaginem que João e Pedro fazem parte da minha equipe. Sou mais amiga de Pedro, jogamos *beach tennis* às quartas-feiras, frequentamos os aniversários de nossos filhos e nossas filhas. João pode até ser um pouco mais competente que Pedro, mas será que vou conseguir enxergar esse diferencial? Se surgir uma oportunidade de promover um dos dois, qual deles terá mais chance de conquistar a vaga?

Nosso julgamento não é objetivo, mas, sim, subjetivo. Não somos pessoas neutras. Além de termos muitos vieses inconscientes, nosso cérebro muda conforme a opinião e a admiração que temos por alguém. Quando gostamos dessa pessoa, desativamos a área do julgamento crítico, ou seja, confiamos mais e somos menos críticas ou críticos. No entanto, quando não gostamos da pessoa, o julgamento crítico vai às alturas.

Por fim, não gosto da meritocracia porque ela privilegia poucas pessoas, quando na verdade ninguém faz nada sozinho ou sozinha. Se continuarmos celebrando as conquistas individuais, estaremos sempre dividindo a sociedade entre pessoas vencedoras e perdedoras.

Como diz o filósofo e escritor Michael Sandel em seu livro *A tirania do mérito*[32], "quanto mais nos enxergamos como pessoas

⚠ CULTURA ORGANIZACIONAL LIVRE DE ASSÉDIO ⚠

que vencem pelo próprio esforço, menos provável será que nos preocuparemos com o destino de quem é menos afortunado do que nós". Afinal, se o meu sucesso é resultado do meu esforço, o fracasso da outra pessoa só pode ser culpa dela.

Estamos repetindo a história dos super-heróis que, em sua maioria, brilham sozinhos. Os meninos que são formados a partir dessa cultura carregam essas bases para o escritório. Por que haveria de ser diferente? Tudo se reflete no mundo corporativo.

A cultura também favorece que muitos homens considerem que suas colegas de equipe são inseguras. Eles não entendem por que a mulher insiste em pedir a opinião dele sobre determinado projeto. Na cabeça de alguns homens, não existe a percepção de que elas geralmente valorizam a colaboração e o trabalho em conjunto, mais do que o sucesso individual.

Afinal, meninos aprendem a brincar competindo, enquanto as meninas geralmente brincam mais em conjunto.

Pesquisas mostram como os homens têm a tendência a valorizar a tomada de decisão e a destacarem atributos como agilidade e assertividade. Já as mulheres tendem a gostar da interação, das perguntas e de refletir mais a respeito de uma ideia ou projeto, além de explicarem as ideias com mais riqueza de detalhes.

No livro *Trabalhando juntos: homens e mulheres inteligentes colaborando e vencendo*[33], os autores Barbara Annis e John Gray entrevistaram mais de cem mil colaboradores e colaboradoras de 75 grandes empresas em todo o mundo e trouxeram reflexões interessantes sobre alguns pontos cegos que existem entre homens e mulheres no ambiente de trabalho.

⚠ CULTURA ORGANIZACIONAL LIVRE DE ASSÉDIO ⚠

No meu livro *Viés inconsciente,* já apresentei como estudar a inteligência de gênero e entender que homens e mulheres se comunicam, resolvem conflitos e lidam com a emoção e com o estresse de maneira diferente nos ajuda a sermos pessoas mais inclusivas. Afinal, os cérebros dos homens e das mulheres não são iguais.

Como sempre reforço, precisamos entender e respeitar nossas diferenças, em vez de querer que as mulheres sejam iguais aos homens – ou vice-versa.

Ao lermos os estudos de Barbara e John, descobrimos como os homens tendem a tomar decisões mais rapidamente, enquanto as mulheres lembram e avaliam as experiências passadas, ativando mais conexões neurais e explicando com mais riqueza de detalhes. Alguns homens podem ficar entediados com essa explicação mais longa e têm a tendência a interromperem com o seguinte questionamento: "podemos ir direto ao ponto?".

Dados são sempre importantes. Pesquisas mostram que as mulheres são interrompidas duas vezes mais que os homens[34].

É nesse ambiente hostil que aparece um hormônio com uma atuação importante, o cortisol, popularmente conhecido como o hormônio do estresse. Em níveis mais altos, ele afeta a performance cognitiva e desorganiza os pensamentos. Se estamos sentindo raiva, frustração ou medo, nosso corpo é inundado com cortisol e não conseguiremos raciocinar da melhor forma[35].

Níveis elevados de cortisol no corpo são maléficos para todas as pessoas[36]. Os homens podem sofrer e se estressar por não terem sido ensinados a lidar com as suas emoções de forma aberta. Já as mulheres precisam lidar com o peso de terem que provar a

⚠ CULTURA ORGANIZACIONAL LIVRE DE ASSÉDIO ⚠

própria competência o tempo todo. Sua autoridade é questiona-da com mais frequência: "Tem certeza?", algumas pessoas dizem. "Melhor aprofundarmos esta informação".

A ciência já comprovou que somos diferentes. Ou, como es-creveram os autores de *Trabalhando juntos*, "as mulheres costu-mam refletir sobre os problemas de maneira bem diferente dos homens, integrando e organizando as lembranças e emoções em padrões de pensamento mais complexos. Por isso, ao contrário dos homens, as mulheres costumam pesar mais variáveis, consi-derar mais opções e visualizar uma gama mais ampla de soluções e resultados para um problema".

A lista de diferenças é extensa. Oferecer ajuda a uma mulher costuma fazê-la sentir-se incluída. Já o homem tende a não querer receber suporte – comportamento que pode demonstrar fraqueza. Se a mulher faz muitas perguntas em uma reunião, significa que é importante ter mais perspectivas sobre o tema para tomar uma decisão. Já os homens preferem apenas comunicar sua opinião.

O mundo corporativo não costuma valorizar as diferenças e o jeito como cada um dos gêneros tende a agir. Diferenças não significam superioridade entre os gêneros.

No entanto, estarmos conscientes dessas diferenças nos faz sermos uma liderança mais inclusiva. Afinal, nenhuma dessas maneiras de pensar e agir é perfeita sozinha. As duas são comple-mentares — e é esse equilíbrio que nos leva a solucionar proble-mas e tomar as melhores decisões.

Por isso, na próxima vez que um homem quiser ter apenas uma al-ternativa de solução diante de uma decisão a ser tomada – e a mulher

⚠ CULTURA ORGANIZACIONAL LIVRE DE ASSÉDIO ⚠

quiser ter cinco – podemos pensar que, na verdade, estamos diante de duas formas diferentes de pensar. Não há certo, nem errado. Que tal seguir o caminho do meio e ficar com três possibilidades?

Empresas atentas às diferenças de gênero tendem a apresentar resultados melhores que as concorrentes. Afinal, equipes mais propensas a apresentar as melhores ideias são aquelas em que há diversidade e equidade, com respeito, inclusão e pertencimento.

A seguir, vamos refletir sobre as consequências da cultura do assédio nos homens a partir do ponto de vista da cultura das empresas.

Cultura das empresas

A nossa cultura tem reflexos tanto na sociedade quanto no ambiente corporativo. Se voltarmos um pouco no tempo, lembraremos que antigamente as empresas eram formadas principalmente por homens.

Foi a maior presença das mulheres que motivou a criação do *dress code* cujo foco está muito mais no controle do que as mulheres podem ou não vestir para se adaptarem à cultura criada anteriormente pelos homens.

Certa vez, conversando com um executivo, ele me disse o seguinte: "Você percebeu como os itens do *dress code* são mais direcionados às mulheres?". Em vez de ensinarmos os homens a não olharem de forma inadequada para as mulheres, colocamos uma regra para elas.

Um episódio que ouvi de uma empresa com atividade fabril mostra como ainda precisamos avançar para incluir as mulheres no mercado de trabalho – e, consequentemente, repudiar os

⚠ CULTURA ORGANIZACIONAL LIVRE DE ASSÉDIO ⚠

casos de assédio. A pessoa responsável pela área de RH me procurou com um problema: "Uma das colaboradoras da fábrica é muito bonita e está provocando os homens".

O pedido dela, no entanto, era de um treinamento para essa mulher – que, aliás, vestia um macacão igual ao de seus colegas homens. Minha resposta foi enfática: "Entendo que seja mais fácil mudar uma pessoa, em vez de cem. Mas o correto é darmos o treinamento para os cem homens".

Por isso é tão importante lembrarmos que a cultura da empresa não se resume aos valores e comportamentos "lindos" escritos na parede, logo na entrada do escritório. Mas sim a tudo o que é vivenciado e experienciado no dia a dia pela liderança e ensinado a todas as pessoas.

Compartilho um dos pedidos que tenho ouvido de muitos homens durante meus treinamentos: "Gostaria de exercer a minha paternidade de forma ativa, estar mais perto de meus filhos e filhas", eles dizem, "mas temos só cinco dias de licença e não é esperado que ocupemos este lugar de cuidar".

Esse é mais um exemplo de como a nossa cultura atual também é prejudicial aos homens. Afinal, o que acontece é que, quando esses homens chegam à empresa e falam "hoje vou ficar em casa porque o meu filho ou filha está doente", alguém costuma perguntar: "Cadê a sua mulher? E a sua sogra, não pode ajudar?".

Também podemos ver o reflexo desse tipo de condicionamento em muitos grupos de WhatsApp das pessoas responsáveis pelos alunos e alunas nas escolas. A maioria deles costuma ser o "grupo de mães", raramente incluindo os pais.

⚠ CULTURA ORGANIZACIONAL LIVRE DE ASSÉDIO ⚠

Até hoje lembro o dia em que o pai de uma amiga da minha filha pediu para entrar no "grupo de mães", pois sua esposa havia falecido e ele gostaria de acompanhar o que estava acontecendo na classe da filha. Naquele momento, a minha ficha caiu. Por que excluímos os homens? Eles são pais e precisam compartilhar essa responsabilidade.

Tudo é cultura e tudo está interligado. No entanto, a ideia inconsciente ainda é aquela antiga, que vê o homem como provedor e a mulher como a responsável por cuidar da casa, dos filhos e das filhas. Essa é uma ideia que, como já entendemos, não se encaixa mais na sociedade atual.

Tenho esperança de estarmos caminhando para um modelo mais próximo da Islândia, no qual o casal reveza os cuidados com o bebê recém-nascido. Desde 2000, o país oferece a licença-parental de nove meses remunerados, sendo os três primeiros para a mãe, os próximos três para o pai e outros três meses para serem compartilhados como o casal desejar.

Mesmo que essas mudanças tão necessárias gerem resistência nas empresas, é preciso levar o assunto adiante e dialogar sobre essas questões. Não podemos aceitar os argumentos de que "isso é tudo mimimi". Como sempre digo nas minhas consultorias, palestras e *workshops*, mimimi é a dor que dói no outro, é muito fácil julgar.

Precisamos ir além dos clichês, das reclamações de que "o mundo está muito chato" ou "os homens não têm mais vez". Não se trata de tirar o homem de seu lugar, pois há espaço para todas as pessoas – e todas sairão ganhando. Afinal, os homens também

⚠ CULTURA ORGANIZACIONAL LIVRE DE ASSÉDIO ⚠

são vítimas da cultura do assédio, uma opressão que não faz bem para ninguém.

Gosto de enfatizar que é tempo de promover novos começos, de trabalhar a aceitação, o engajamento e a confiança. Para isso, é essencial abrir espaço para o diálogo e conversar com o time.

Essa disponibilidade para ouvir pode gerar momentos tão reveladores como o que aconteceu certa vez após exibirmos o vídeo da Purl durante um treinamento em uma empresa. Assim que a história da novelo rosa chegou ao fim, um diretor garantiu que aqueles comportamentos agressivos com as mulheres não aconteciam ali.

Agradeci por sua colocação e perguntei o que ele achava de escutarmos as opiniões das mulheres que também estavam participando do treinamento. Uma colaboradora comentou que, na última reunião da qual participou, tentou falar, pediu a palavra várias vezes, porém ninguém a escutou. A conclusão é que, naquele dia, ela foi embora levando sua ideia para casa.

O diretor reagiu imediatamente: "Por que você não falou comigo?", ele perguntou. Ela ficou quieta e não respondeu a esse questionamento, o que mais uma vez revela como ela não se sentia em um ambiente de segurança psicológica. Muitas vezes, as mulheres se calam. Em outros momentos, aumentam o tom de voz e falam de forma mais agressiva – exatamente como aconteceu com a Purl.

Durante os treinamentos também é muito comum alguém levantar a mão e dizer: "Aqui todo mundo se interrompe!". O objetivo do comentário é mostrar que o comportamento não

⚠ CULTURA ORGANIZACIONAL LIVRE DE ASSÉDIO ⚠

acontece apenas com mulheres e pessoas de grupos minorizados, mas também com os homens.

Nesses casos, podemos recomendar que as pessoas "voltem
duas casas" e se lembrem como acontecia na escola, quando a
professora ensinava que, "quando um amiguinho ou uma amigui-
nha falava, a outra pessoa escutava, quietinha, sem interromper".
Afinal, essa também é uma questão de cultura, mas que nos mostra que ainda precisa evoluir em respeito e educação.

É assim que vamos adiante, com atenção e entendimento diante das diferenças, com respeito e abertura. Que todas as pessoas
tenham mais espaço e sejam escutadas de fato. Que a liderança
de hoje aprenda a lidar com as emoções e que a cultura na qual
vivemos seja menos limitante a cada dia. Só depende de nós.

Se você está sofrendo com os impactos da falta de segurança
psicológica nesse momento, adianto que precisará ter uma conversa difícil para tratar o tema com a liderança. Por mais desafia-
dor que isso possa ser, sugiro que não abra mão.

Fico feliz em perceber que já existem mudanças em curso.
Não muito tempo atrás, fui mentora de um CEO com mais de 50
anos, da geração X, a mesma que a minha. Na ocasião, ele estava
preparando um homem da geração *Millennial*[37], como são conhe-
cidas as pessoas nascidas entre 1985 e 1991, para ser seu sucessor.

De acordo com meu mentorado, foi um susto escutar que aquele
jovem talentoso estava pedindo demissão e abrindo mão de tudo.

O CEO ainda tentou argumentar: "Mas eu estou preparando
você para ocupar a minha cadeira!". A resposta do potencial sucessor foi direta: "Não quero ser como você, que teve uma filha

⚠ **CULTURA ORGANIZACIONAL LIVRE DE ASSÉDIO** ⚠

há pouco tempo e trabalha 14 horas por dia. Quero ter equilíbrio entre vida pessoal e profissional e poder me dedicar à minha família. Não quero seguir o seu exemplo".

Meu mentorado ficou arrasado, mas refletiu bastante sobre o ocorrido, passando a prestar mais atenção às próprias relações familiares e ao pouco tempo que ele vinha dedicando às pessoas mais importantes de sua vida.

Também durante um processo de mentoria, desta vez com um CEO da geração *Millennial*, ele disse que a nossa conversa estava ótima, mas que já eram 18h05 e ele precisava sair para buscar seu filho e sua filha na escola. Achei incrível. Esse é, sem dúvida, um tipo de comportamento ainda raro para os homens em cargos de liderança.

A partir da minha experiência, do que vi e aprendi ao trabalhar tantos anos no mundo corporativo, posso confirmar que o mais comum, entre as lideranças atuais das gerações X e *baby boomers*, é dar foco no trabalho. No entanto, conheço algumas pessoas que se arrependem, pois estavam trabalhando 14 horas por dia, como vimos no exemplo anterior, e não viram os filhos e filhas crescerem.

Tenho percebido que as novas gerações, felizmente, não querem mais repetir esse padrão.

Desde o começo da CKZ Diversidade, entendi que não poderíamos excluir os homens da transformação que desejamos fazer nas empresas e na nossa sociedade. Mais de doze anos atrás, quando lancei o primeiro fórum focado em diversidade e inclusão, sempre convidei os homens para participarem. Eu sabia que a mudança só aconteceria se eles fossem agentes de transformação.

⚠ **CULTURA ORGANIZACIONAL LIVRE DE ASSÉDIO** ⚠

No início, muitos recusaram o convite. Mudei a estratégia e passei a pedir para algumas pessoas chamarem seus amigos homens para participarem como convidados. Além disso, incluímos dois convites gratuitos exclusivos para os homens no pacote de inscrições. Pouco a pouco, eles começaram a vir – e a gostar.

Percebo como muitos homens ainda não se sentem confortáveis em falar sobre temas de diversidade, inclusão, parentalidade ou têm medo de perguntar e se posicionar. Isso acontece tanto nos eventos presenciais abertos ao público quanto nos treinamentos que realizamos de forma presencial ou virtual nas empresas. Eles têm receio de falar algo considerado errado e serem julgados preconceituosos por outras pessoas.

No entanto, cada vez mais temos recebido pedidos de ajuda de homens querendo entender seu papel no mundo. "Quero aprender, quero ser diferente", alguns dizem. Outros contam que têm uma filha e perceberam que não sabem se posicionar – são corrigidos o tempo inteiro pelas filhas e até mesmo pelos filhos homens das gerações mais novas.

Lembro até hoje da conversa que tive com um presidente de uma empresa, alguns anos atrás. Estávamos falando sobre a importância dos eventos focados em diversidade e inclusão quando ele fez a seguinte provocação: "Cris, um dia você terá que fazer um fórum só para dialogar com os homens brancos heterossexuais".

Minha primeira reação foi perguntar por que ele teve aquela ideia. "Porque somos nós que teremos que aprender! Nós vamos ter que nos transformar", ele respondeu.

Se os homens têm o poder para perpetuar a falta de diversidade nas empresas, muitas vezes de forma inconsciente, não seria óbvio que eles também têm o poder de transformar a situação?

Depois de muitas reflexões sobre como poderíamos ser mais efetivas nessa transformação, decidi criar o "Fórum Conversando com Homens sobre DIEP – Diversidade, Inclusão, Equidade e Pertencimento", o primeiro evento do Brasil focado nesse público, principalmente homens brancos e heterossexuais da alta e média liderança.

No dia 11 de setembro de 2023, realizamos a primeira edição desse evento. Foi um sucesso e tivemos mais de 120 homens participando.

Fica aqui o meu convite para que você, homem, assuma seu protagonismo em DIEP. Vamos aprender juntos a transformar a cultura corporativa e inspirar mais homens a serem agentes de transformação, construindo empresas mais diversas, inclusivas, inovadoras e lucrativas.

SUGESTÕES PARA IR ALÉM

LIVROS:

- EDMONDSON, A. C. *A organização sem medo*: criando segurança psicológica no local de trabalho para aprendizado, inovação e crescimento. Rio de Janeiro: Alta Books, 2020.

- SINEK, Simon. *Líderes se servem por último*: como construir equipes seguras e confiantes. Rio de Janeiro: Alta Books, 2019.

- BARRETT, Richard. *A organização dirigida por valores.* Rio de Janeiro: Alta Books, 2017.

- CHER, Rogério. *Engajamento*: melhores práticas de liderança, cultura organizacional e felicidade no trabalho. Rio de Janeiro: Alta Books, 2016.

- QUINALHA, Renan. *Movimento LGBTI+*: uma breve história do século XX aos nossos dias. São Paulo: Autêntica, 2022.

VÍDEOS:

- TED e TEDx: TEDxFAAP. *Diversidade, inclusão e vieses inconscientes.* Cristina Kerr. Disponível em: htts://www.youtube.com/watch?-v=EQJTIRVbzO4. Acesso em: 21 mai. 2023.

- TED 2007. *Why aren't we more compassionate?* de Daniel Goleman. Disponível em: https://www.ted.com/talks/daniel_goleman_why_aren_t_we_more_compassionate. Acesso em: 21 mai. 2023.

Referências

18. Five Ways Men Can Improve Gender Diversity at Work, 2017. https://www.bcg.com/publications/2017/people-organization-behavior-culture-five-ways-men-improve-gender-diversity-work

19. Ricee, Susanne, What is Affinity Bias? https://diversity.social/affinity-bias-definition/

20. The Power of Talk: Who Gets Heard and Why https://hbr.org/1995/09/the-power-of-talk-who-gets-heard-and-why

21. Why Calling Women 'Girls' Is A Bigger Deal Than You May Think. Disponível em: https://www.forbes.com/sites/forbescoachescouncil/2021/08/09/why-calling-women-girls-is-a-bigger-deal-than-you-may-think/?sh=-20132212fda5

22. *"Girl" vs. "Woman"*: Why Language Matters. YouTube. Disponível em: https://www.youtube.com/watch?v=qHH3lhYwqcY

23. ESTEVANS, Gabriele. Masculinidade tóxica tem sido a principal inimiga dos homens, indica estudo. *Papo de Homem*. Disponível em: https://papodehomem.com.br/a-masculinidade-tem-sido-a-principal-inimiga-dos-homens/

24. MALAGRIS, Marcos. *The Mask You Live In* | O documentário que todo homem precisa assistir. (filme) 3min10. YouTube. Disponível em: https://farofageek.com.br/filmes/the-mask-you-live-in-documentario-que-todo-homem-precisa-assistir/

25. *Precisamos falar com os homens?* Uma jornada pela igualdade de gêneros. ONU Brasil. (filme) 50min59. 2017. YouTube. Disponível em: https://www.youtube.com/watch?v=SSUlT39fMVY

26. *O silêncio dos homens.* Papo de Homem. Brasil (filme) 1h. YouTube. 2019. Disponível em: https://www.youtube.com/watch?v=NRom49UVXCE

27. Why emotional intelligence is important in leadership. Disponível em: https://online.hbs.edu/blog/post/emotional-intelligence-in-leadership

28. Emotional Intelligence: The 5 components and tips for men. Disponível em: https://mensgroup.com/emotional-intelligence/

29. WERNECK, Gustavo. CEO da Gerdau. *LinkedIn*. Disponível em: https://www.linkedin.com/search/results/content/?keywords=gustavo%20werneck&sid=qbR&update=urn%3Ali%3Afs_updateV2%3A(urn%3Ali%3Aactivity%3A7108926065711980544%2CBLENDED_SEARCH_FEED%2CEMPTY%2CDEFAULT%2Cfalse)

30. HESS, Edward D. The 4 es: The CEO is the chief enabling officer insights from. Disponível em: https://ideas.darden.virginia.edu/the-4-es--the-ceo-is-the-chief-enabling-officer

31. BANAJI, Mahzarin; GREENWALD, Anthony G. *Blindspot*: Hidden Biases of Good People. Bantam Books, 2013.

32. SANDEL, Michael J. *A tirania do mérito*: o que aconteceu com o bem comum? São Paulo: Civilização Brasileira, 2020.

33. ANNIS, Barbara; GRAY, John. *Trabalhando juntos*: homens e mulheres inteligentes colaborando e vencendo. São Paulo: Paralela, 2013.

34. How to Get Ahead as a Woman in Tech: Interrupt Men, KIERAN SNYDER. Disponível em: https://slate.com/human-interest/2014/07/study--men-interrupt-women-more-in-tech-workplaces-but-high-ranking-women-learn-to-interrupt.html

35. MCCARTY, R. *Stress*: Concepts, Cognition, Emotion, and Behavior: The Fight-or-Flight Response, 2016.

36. ZAK, P. The Physiology of moral sentiments. *Journal of Economic Behavior e Organization*, 2011.

37. MCKINSEY- 'True Gen': Generation Z and its implications for companies. Disponível em: https://www.mckinsey.com/industries/consumer-packaged-goods/our-insights/true-gen-generation-z-and-its-implications-for-companies

QUAL É A CONSEQUÊNCIA DA CULTURA PARA AS MULHERES

A té hoje percebo como as mulheres são vistas como menos inteligentes do que os homens – uma crença que foi mantida por anos.

Entendo que talvez você tenha achado essa afirmação um exagero, mas sugiro fazermos um pequeno teste com um enigma que rendeu até algumas matérias anos atrás[38]:

"Pai e filho sofrem um acidente terrível de carro. Alguém chama a ambulância, mas o pai não resiste e morre no local. O filho é socorrido e levado ao hospital às pressas. Chegando ao hospital, a pessoa mais competente do centro cirúrgico vê o menino e diz: 'Não posso operar esse menino! Ele é meu filho!'."

Quem é essa pessoa que não pode operar a criança? Seria o avô? O pai adotivo? Talvez um casal homoafetivo? É interessante como a maioria das pessoas busca por uma figura masculina para resolver o enigma.

A maioria, no entanto, sequer pensa em uma mulher. E a pegadinha está na seguinte parte do texto: "a pessoa mais competente do centro cirúrgico". Afinal, será que o nosso inconsciente associa a pessoa mais competente com uma mulher?

⚠ CULTURA ORGANIZACIONAL LIVRE DE ASSÉDIO ⚠

Em mais de 15 anos de consultoria, já escutei diversas vezes a seguinte afirmação, que também reforça esse viés[39]: "Se tiver uma mulher tão competente quanto um homem, eu contrato".

Essas crenças que desqualificam a inteligência das mulheres datam de muitos séculos, como podemos ver em algumas declarações que o psicanalista Jorge Forbes incluiu em seu artigo "Que vem e que passa"[40], apresentado no Congresso da Associação Mundial de Psicanálise, em 2022:

- "A mulher é má. Cada vez que tiver ocasião, toda mulher pecará" (Buda, 600 A.C.).

- "Os melhores adornos de uma mulher são o silêncio e a modéstia" (Eurípedes, 450 A.C).

Nem Aristóteles ficou de fora:
- "A mulher é por natureza inferior ao homem; deve, pois, obedecer... O escravo não tem vontade; a criança tem, mas incompleta; a mulher tem, mas impotente".

Mais citações na mesma linha:
- "A mulher deve aprender em silêncio, com plena submissão. Não consinto que a mulher ensine nem domine o marido, apenas que se mantenha em silêncio" (São Paulo, século I).

- "Os homens são superiores às mulheres, porque Deus lhes outorgou a preeminência sobre elas. Os maridos que sofram desobediência de suas esposas podem castigá-las: deixá-las

⚠ CULTURA ORGANIZACIONAL LIVRE DE ASSÉDIO ⚠

sozinhas em seus leitos e até mesmo golpeá-las" (Maomé, século VII).

- "Você não sabe que sou mulher? Quando penso, tenho de falar" (Shakespeare, século XVII).

- "Uma mulher amavelmente estúpida é uma bendição do céu" (Voltaire, século XVIII).

- "A mulher pode, naturalmente, receber educação, porém, sua mente não é adequada às ciências mais elevadas, à filosofia e a algumas artes" (Hegel, século XIX).

- "Todas as mulheres acabam sendo como suas mães: essa é a tragédia" (Oscar Wilde; século XIX).

- "Sua confusão era tal que começou a piorar mentalmente, como uma mulher" (Elias Canetti, Prêmio Nobel de Literatura de 1981).

É impossível negar o impacto dessa linha de pensamento, que coloca as mulheres em posição de inferioridade intelectual e subalterna em relação ao homem.

Observe que algumas das personalidades destacadas anteriormente foram responsáveis por difundir a religião e a cultura, principalmente no mundo ocidental. As palavras desses homens tinham e ainda têm muita relevância na nossa formação.

Esses modelos que acabam moldando os nossos comportamentos me remetem a mais um exemplo que vi acontecer na minha casa, quando alguns amigos do meu pai nos visitavam. Eles adoravam assistir aos programas do Chico Anysio, comediante que foi um ídolo do humor no Brasil por décadas, principalmente nos anos 1980.

Chico ficou famoso por personagens como o Nazareno, um marido machista que vivia humilhando sua esposa, Sofia. Na avaliação dele, que estava sempre acompanhado de alguma amante em cena, sua esposa era feia. Além de dar cantadas explícitas na frente da esposa, ele ainda fazia afirmações como:

"Isto não é mulher, é uma batida de frente de uma Scania, com um trator. Da próxima vez que você aparecer na minha frente, tu avisas antes, pois assim não há ponte de safena que aguente. Isto não é mulher, é um tiro pela culatra".

Além disso, quando a esposa dele falava seu nome, em tom de reclamação, o que ouvia era o bordão: "Calada!". Como se isso não fosse suficiente, o personagem ainda olhava para a câmera, ao final da cena, e dizia: "Tá com pena? Leva ela procê".

Como consequência, presenciei alguns desses amigos do meu pai falarem para as próprias esposas em tom de brincadeira: "Calada!". Eles também faziam comentários inapropriados, como "que gostosa!", quando viam as amantes do Nazareno em cena.

Já avançamos nesse assunto e, hoje, há pouco ou nenhum espaço para esse tipo de humor. Tanto Nazareno como os amigos do meu pai seriam repreendidos por agirem de forma a perpetuar a cultura da falta de respeito em relação às mulheres, sejam elas suas esposas ou filhas.

Acredito que esse seja um exemplo muito explícito do impacto que o pensamento coletivo e a visão de mundo de cada período histórico tem sobre as nossas vidas e sobre o cotidiano das famílias.

⚠ CULTURA ORGANIZACIONAL LIVRE DE ASSÉDIO ⚠

E, mais uma vez, reforço que quase todas as pessoas foram criadas e educadas nessa cultura, que desde a infância supervaloriza as características masculinas e inferioriza as femininas.

Aliás, gosto de compartilhar uma das perguntas que costumo ouvir bastante nos treinamentos sobre diversidade e inclusão: "Uma mulher pode ser considerada machista?". Já adianto que a minha resposta nem sempre agrada todas as pessoas.

A verdade é que não podemos dizer que uma mulher é machista, pois ela não se beneficia da cultura machista. Pelo contrário: ela sofre com o machismo e ainda não tem os mesmos direitos que os homens.

O que podemos dizer é que uma mulher pode "reproduzir comportamentos machistas", e muitas vezes de forma inconsciente. É por isso que às vezes presenciamos mulheres dizendo frases machistas, como "só podia ser mulher!", "mulher dirige mal". Também vemos mulheres educando filhos e filhas de forma diferente. Um exemplo clássico é pedir que a menina lave a louça, tire a mesa ou arrume o quarto enquanto permite que o menino fique jogando videogame e deixe o quarto bagunçado.

O comportamento machista também acontece quando uma mulher pede para que uma menina "fale mais baixinho" ou "tome cuidado ao fazer as coisas", mas tem uma postura totalmente diferente com o menino, que é empoderado e incentivado a se aventurar, subir em árvores e correr riscos vetados para meninas.

Esses valores estão internalizados em nós, por isso sempre repito que precisamos desaprender para aprender. Precisamos estar alertas e conscientes para que a transformação aconteça primeiro em nós e, depois, se estenda para outras pessoas.

E se você encontrar uma mulher fazendo os comentários anteriores, por favor, faça um "salvamento". Chame-a para uma conversa individual e amigável, trazendo as atitudes machistas para o consciente.

Mais frágeis

Mesmo que a cultura da nossa sociedade já tenha evoluído, ainda é o comum ouvir reflexos da mentalidade de inferiorização das mulheres durante os treinamentos da CKZ Diversidade. "Afinal, biologicamente falando, a mulher é mais frágil!" é uma das frases que ainda costumo escutar.

Nessa hora, peço para a pessoa me explicar "o que significa ser mais frágil". Na maioria das vezes, a resposta é a mesma: "Estou falando de força física". Então, aproveito para fazer uma segunda pergunta: "Aqui na empresa, vocês usam mais a força física ou a intelectual?".

Poucas empresas ainda têm equipamentos que demandam força física para serem operados, o que eliminaria qualquer exclusão das mulheres para ocupar esses postos de trabalho. Aliás, a ideia da fragilidade feminina, assim como a da pouca inteligência, não tem qualquer embasamento científico.

Dentro dessa análise do contexto histórico que se reflete nas nossas vidas até hoje, vemos como a construção das crenças vai muito além da validação da capacidade intelectual das mulheres. Até pouco tempo atrás, não éramos sequer vistas como cidadãs.

O direito ao voto para as brasileiras foi concedido há pouco mais de noventa anos, em 1932, com o Decreto 21.076[41], o mesmo que criou a Justiça Eleitoral.

⚠ CULTURA ORGANIZACIONAL LIVRE DE ASSÉDIO ⚠

Ainda mais recente é a permissão para que as mulheres casadas não precisem mais de autorização de seus maridos para trabalhar, o que entrou em vigor no Brasil apenas em 1962. Esse direito foi concedido a partir da Lei nº 4.212/1962[42], que ficou conhecida como o Estatuto da Mulher Casada. Nesse mesmo ano, a mulher também ganhou o direito de ter CPF[43].

O Estatuto da Mulher Casada mudou dispositivos do Código Civil de 1916. Com isso, ficou determinado, por exemplo, que a guarda dos filhos e das filhas menores seria da mulher, que passou a ser vista como uma colaboradora mais capaz, digamos assim, na sociedade conjugal.

Outra referência importante é a Lei 6.136, de 1974[44], que passou a responsabilidade pelo pagamento do salário-maternidade para o Sistema de Previdência Social. Com isso, a obrigação de pagar o salário da trabalhadora afastada para cuidar do bebê deixou de ser da empresa, o que reduziria a discriminação contra as mulheres no trabalho.

Nesse mesmo ano, as mulheres também conquistaram o direito de uso do cartão de crédito. Antes, mesmo as solteiras que quisessem ter um cartão ou pedir um empréstimo no banco, precisavam levar um homem para assinar o contrato relativo a esses serviços.

Aliás, depois de se casar, por muito tempo foi difícil voltar a ser solteira, uma vez que a Lei do Divórcio foi aprovada apenas em dezembro de 1977. Antes, por pior que fossem os casamentos, as mulheres ficavam presas aos maridos do ponto de vista legal. É importante destacar que, até esse mesmo ano de 1977, as mulheres também eram obrigadas a adotar o sobrenome do marido.

⚠ CULTURA ORGANIZACIONAL LIVRE DE ASSÉDIO ⚠

Era, literalmente, a determinação de esposa como uma proprie-dade de seu companheiro[45].

Depois da Lei do Divórcio, a adoção do sobrenome do esposo passou a ser facultativa. Por fim, em 2002, veio a igualdade de direitos nesse campo: homens e mulheres podem incorporar o sobrenome da pessoa com quem se casam.

Na prática, até hoje, o número de mulheres que faz essa opção é 300% maior que o de homens. Você, por acaso, conhece algum ma-rido que tenha feito isso? Inclusive, sei de casos de pessoas jovens que até quiseram fazer, mas foram desencorajados por seus pais, afinal, "é a mulher que deve colocar o sobrenome no marido".

Apenas em 1988, no artigo 5º da Constituição da República Fe-derativa do Brasil, vemos o princípio constitucional da igualdade: "Todos são iguais perante a lei, sem distinção de qualquer nature-za, garantindo-se aos brasileiros e aos estrangeiros residentes no País a inviolabilidade do direito à vida, à liberdade, à igualdade, à segurança e à propriedade, nos termos seguintes: I - homens e mulheres são iguais em direitos e obrigações, nos termos desta Constituição".

No entanto, essa igualdade ainda está longe de ser uma realidade. Um levantamento mundial apresentando no livro *Gênero: uma perspectiva global*[46] aponta que, em todas as so-ciedades contemporâneas, a responsabilidade das mulheres com as tarefas domésticas é maior. Cozinhar, limpar, cuidar da casa e dos filhos e das filhas são atividades ainda associa-das a elas, que também são vistas como gentis, cuidadosas, boas mães e prontas para sacrificarem-se por outras pessoas.

⚠ CULTURA ORGANIZACIONAL LIVRE DE ASSÉDIO ⚠

Por outro lado, o livro também mostra que não é esperado que os homens criem vínculos emocionais com seus filhos, mas sim que sejam responsáveis pelo sustento da casa e pela tomada de decisões.

Essa mesma conclusão também é apresentada no estudo "Outras Formas de Trabalho"[47], realizado pelo Instituto Brasileiro de Geografia e Estatística (IBGE), em 2018. Os dados indicaram que as mulheres brasileiras trabalham dez horas por semana a mais que os homens nos afazeres domésticos e cuidados com os filhos e as filhas, sendo 21 horas para as mulheres e 11 horas para os homens.

Na cultura brasileira, o cuidado com os filhos e as filhas ainda é uma responsabilidade fortemente associada às mulheres. Informações como as placas de banheiros com a imagem do trocador dos bebês ainda permanecem, em sua maioria, no banheiro feminino, mostrando claramente que essa é uma responsabilidade delas.

Nas empresas brasileiras, esse modelo mental da mulher ser a responsável pelo cuidado dos filhos e das filhas também é fundamentado quando analisamos a licença-maternidade de quatro meses para as mulheres e apenas cinco dias para os homens. Conta rápida: 5 dias x 120 dias. Quem é responsável pelo cuidado dos bebês?

A necessidade de uma licença-paternidade maior fica evidente quando pensamos que o período é praticamente igual ao feriado de Carnaval.

No caso das empresas brasileiras que aderem ao Programa Empresa Cidadã, instituído pela Lei nº 11.770 de 2008[48], a licença aumenta um pouco: homens têm direito a ficarem em casa com o bebê recém-nascido por vinte dias; e mães, seis meses. Ainda assim: 20 dias x 180 dias.

⚠ CULTURA ORGANIZACIONAL LIVRE DE ASSÉDIO ⚠

Vemos essa divisão de papéis até mesmo nos esportes. Muitas pessoas desconhecem que, durante 40 anos, as mulheres foram proibidas de praticar esportes – e nem faz tanto tempo assim.

Isso aconteceu em 1941, após o então presidente Getúlio Vargas afirmar que os esportes "feriam a natureza feminina". A lei continuou em vigor até 1979, sendo que durante esse período algumas mulheres até disputavam partidas longe dos holofotes, mas não havia nenhum campeonato oficial.

O futebol feminino acabou sendo regulamentado em 1983, e a nossa seleção brasileira disputou a primeira competição internacional em 1988, na China. O primeiro Mundial aconteceu em 1991, rendendo o terceiro lugar para a nossa equipe – Estados Unidos e Noruega ficaram, respectivamente, na primeira e na segunda posição.

É evidente que essa intervenção prejudicou o futebol feminino, que está muito longe de receber os mesmos investimentos e a mesma audiência do masculino. Isso sem falar nas diferenças de salários entre atletas.

A ironia é que a pessoa com mais gols pela seleção brasileira não é um homem. Você sabia que esse título pertence a uma mulher negra, a alagoana Marta Vieira da Silva, camisa 10 do time feminino do Brasil[49]? Até junho de 2023, ela tinha 119 gols marcados em 179 jogos. Por seis vezes, foi escolhida a melhor futebolista do mundo.

Aqui em casa, sabe quem mais gosta e entende tudo de futebol? Não é o meu marido, é a minha filha.

Mulheres que gostam de esportes precisam provar a sua competência no assunto o tempo todo. Apresentadora e especialista em

⚠ CULTURA ORGANIZACIONAL LIVRE DE ASSÉDIO ⚠

futebol, a jornalista Renata Fan chegou a ser submetida a testes de conhecimentos por determinados veículos de comunicação.

Foi o caso de um jornal que, em janeiro de 2007, publicou a seguinte reportagem: "Ex-Miss Brasil se dá bem em teste sobre o futebol"[50].

Para escrever a matéria, a equipe do jornal pediu que ela respondesse a perguntas variadas sobre o esporte mais popular do Brasil. Agora, eu pergunto: você já viu alguma prova desse tipo ser aplicada com algum apresentador esportivo? Esse é mais um exemplo de como a crença da inteligência inferior da mulher ainda está enraizada em muitas pessoas.

Mas, voltando à nossa linha do tempo das conquistas dos direitos das mulheres, a década de 1980 trouxe outros marcos importantes. Um deles foi a criação, em 1985, da primeira Delegacia de Atendimento Especializado à Mulher (DEAM), em São Paulo. Desde o seu surgimento até hoje, essas unidades da Polícia Civil atuam na proteção e investigação de crimes contra as mulheres.

E você se lembra da época em que a virgindade era considerada um valor moral para as mulheres e um direito dos homens? Apenas em 2002, o Código Civil brasileiro eliminou o artigo que dava aos maridos a permissão para anular o casamento, caso ficassem sabendo que a mulher não era virgem antes de se casar.

Em julho de 2023, foi sancionado no Brasil o Projeto de Lei nº 1.085, que garante a igualdade salarial entre homens e mulheres[51]. A iniciativa prevê como obrigatória a igualdade de salários e os critérios remuneratórios entre mulheres e homens para a realização de trabalho de igual valor ou no exercício da mesma função.

⚠ CULTURA ORGANIZACIONAL LIVRE DE ASSÉDIO ⚠

Com a medida, todas as empresas com cem ou mais colaboradores e colaboradoras devem fornecer relatórios semestrais com informações sobre salários e critérios de remuneração. E a lei amplia em até dez vezes a multa nos casos em que a mulher receber menos do que o homem para realizar o mesmo trabalho.

Acredito que uma lei pode, sim, garantir os mesmos salários entre homens e mulheres. Esse é o primeiro passo em direção a ambientes de trabalho mais igualitários.

No Brasil, dados do IBGE mostram que a diferença de salário entre homens e mulheres que têm o mesmo cargo, na mesma empresa e com as mesmas responsabilidades, é de aproximadamente 22%.

Já em relação ao *ranking* da igualdade entre salários do Fórum Econômico Mundial, ocupamos a 57º posição entre 164 países. Segundo informações do *ranking*, as mulheres recebem em média o equivalente a 72,6% do salário de um homem.

A liderança fica com a Islândia, primeiro país a implementar uma lei que criminaliza a diferença salarial de gênero. Após ser implementada em 2018, dados de 2023 afirmam que as mulheres recebem em média o equivalente a 91,2% do salário de um homem – é o único país do mundo com uma diferença menor do que 10%.

Além de olharmos para a diferença no que se refere ao gênero, é sempre importante destacar o papel da interseccionalidade, uma questão que pode facilmente passar despercebida, mesmo em empresas que trabalham a diversidade e a inclusão. Na verdade, justamente por já terem uma estratégia para abordar o tema, as empresas podem acreditar que todos os subtemas são automaticamente abordados.

⚠ **CULTURA ORGANIZACIONAL LIVRE DE ASSÉDIO** ⚠

No entanto, a Pesquisa "Women in the Workplace"[52], publicada em 2020, apresenta os efeitos das interseccionalidades no ambiente corporativo. Os resultados mostraram que as mulheres negras recebem menos apoio de seus gerentes, são promovidas mais lentamente e têm menos acesso aos cargos de liderança sênior do que as mulheres brancas.

Em uma escala comparativa de representatividade, em primeiro lugar estão os homens brancos, seguidos pelas mulheres brancas, homens negros e mulheres negras, que ocupam o último lugar. Agora imagine que também existem interseções étnicas, de gênero, classistas, regionais, de deficiência e tantas outras.

Um levantamento inédito divulgado pelo IBGE em julho de 2023 reforça o impacto da interseccionalidade nas pessoas com deficiência: o rendimento médio recebido por essas pessoas que estão trabalhando foi de R$ 1.860,00 – já o das pessoas sem deficiência foi de R$ 2.690,00. Mais uma vez, a diferença também é maior no caso de mulheres e pessoas negras com deficiência.

Dependendo da indústria, os números também podem variar. No setor automotivo, para termos uma ideia, as mulheres podem receber até 33,8% menos que os homens[53] – eles, por sua vez, ocupam 83% dos cargos.

O que é mais curioso: entre as pessoas estagiárias, a diferença de ganhos é de apenas 0,8%, porém o percentual vai subindo à medida que avança para os cargos mais altos e chega a 33,8% para posições da presidência e vice-presidência, por exemplo.

⚠ CULTURA ORGANIZACIONAL LIVRE DE ASSÉDIO ⚠

Situação das mulheres mundo afora

Olhar para o que acontece fora do país nos ajuda a ter boas ideias sobre entendimento, colaboração e igualdade. O Global Gender Gap Report 2023[54] produzido pelo Fórum Econômico Mundial apresenta uma lista com a igualdade de gêneros em todos os países do mundo.

Selecionei informações interessantes sobre alguns dos países que estão entre as 12 primeiras posições em igualdade de gênero.

Islândia

Considerado o melhor país do mundo para as mulheres viverem, a Islândia elegeu a primeira presidenta mulher da Europa, Vigdís Finnbogadóttir, em 1980. Essa vitória teve um efeito profundo naquela geração, ajudando a quebrar muitos paradigmas e fortalecendo as mulheres do país.

Desde 2000, a Islândia oferece a licença parental de nove meses remunerados (80% do salário). As mulheres saem nos primeiros três meses, os homens nos próximos três meses, e os três meses seguintes podem ser compartilhados como os dois quiserem. Cerca de 90% dos homens saem de licença.

O pontapé para essas transformações começou a acontecer em 24 de outubro de 1975, dia em que as mulheres da Islândia se recusaram a trabalhar, cozinhar, limpar e até mesmo cuidar dos filhos e das filhas. Foi uma greve geral, que contou com a adesão de 90% da população feminina.

O apelo para que os homens as respeitassem e ganhassem os mesmos salários surtiu efeito. Afinal, eles puderam experimentar

⚠ **CULTURA ORGANIZACIONAL LIVRE DE ASSÉDIO** ⚠

as dificuldades do dia a dia das mulheres e se conscientizaram sobre a necessidade de um equilíbrio entre direitos, salários e compartilhamento de funções.

Noruega

Atrás da Islândia está a Noruega. Por lá, homens e mulheres estão formalmente no mesmo barco: as leis protegem ambos, que têm o mesmo acesso à educação, saúde, serviços sociais e oportunidades no trabalho.

Em 1913, as norueguesas ganharam o direito de votar – relembrando que, no Brasil, essa conquista chegou apenas em 1932. Além disso, a legislação de 1918 igualou os direitos entre homem e mulher relativos à propriedade, divórcio e guarda dos filhos e das filhas.

Em 1978, com o Ato de Status Iguais, foi proibida qualquer discriminação com base em gênero. A Noruega já aceitou todos os acordos internacionais sobre direitos humanos e equidade de gênero.

Outro avanço aconteceu em 2003, quando o Parlamento aprovou uma lei que requer que 40% das pessoas membras do conselho das empresas sejam mulheres. Evidentemente essa decisão foi criticada no início, mas os frutos foram promissores: após oito anos, a parcela de mulheres em uma lista de 400 empresas superou os 40%.

Finlândia

Outro país nórdico que ocupa a posição de 3º país mais igualitário do mundo é: a Finlândia. Entre os principais marcos do país está a garantia de direitos iguais para homens e mulheres em

⚠ CULTURA ORGANIZACIONAL LIVRE DE ASSÉDIO ⚠

relação à herança – a partir de 1878, mulheres também puderam herdar as propriedades de seus pais.

Já em 1901, as mulheres ganharam o direito de estudar nas universidades. E o primeiro programa de igualdade de gênero veio em 1980 – sete anos mais tarde, graças à Convenção das Nações Unidas, fica proibida qualquer discriminação de gênero.

Entre outros números que chamam a atenção sobre a Finlândia, destaco que as mulheres ocupam 42% das pessoas que compõem o Parlamento; 49% de todas as pessoas que têm um emprego; mais de 33% das pessoas que empreendem; e 50% das pessoas diplomatas.

Suécia

Considerado o 5º país mais igualitário para as mulheres, a Suécia tem uma particularidade: lá, os homens estão no centro do diálogo sobre equidade de gênero, o que faz toda a diferença.

Em 1995, quando a licença-paternidade foi introduzida, o impacto foi imediato. Nenhum pai era obrigado a ficar em casa, mas a família dos que não ficavam perdia um mês de subsídios. Logo, oito em cada dez homens saíam de licença.

Além disso, os pais têm direito a 480 dias remunerados de licença parental quando uma criança nasce ou é adotada, recebendo quase 80% do seu salário. Até aqueles que estão desempregados têm o direito de receber pelo benefício.

Namíbia

A Namíbia está em 8º lugar e tem ganhado destaque como o país mais igualitário em questões de gênero da África, com mu-

⚠ **CULTURA ORGANIZACIONAL LIVRE DE ASSÉDIO** ⚠

lheres liderando o setor privado das empresas, assim como o poder judiciário do país.

Além disso, há um aumento de mulheres em posições políticas de liderança e no parlamento da Namíbia – e a CEO da Autoridade Reguladora de Comunicações da Namíbia afirma que o país tem priorizado a inclusão de mulheres em cargos de liderança.

A Namíbia tem tomado medidas significativas para o avanço da igualdade de gênero inclusive em sua constituição, que reconhece a discriminação sofrida por mulheres no passado e tem o seu foco no reparo dos direitos das mulheres, com um quadro jurídico comprometido com a igualdade de gênero.

Ruanda

Na 12ª posição entre os mais igualitários do mundo está Ruanda. Com pouco mais de 11 milhões de habitantes, a região sofreu um genocídio em 1994, quando extremistas mataram mais de 800 mil pessoas e estupraram mais de 500 mil mulheres.

Depois da barbárie, o país vem se reconstruindo e o governo tem empoderado as mulheres, encorajando-as a assumir papéis importantes na política e na economia.

Atualmente, Ruanda é o primeiro país do mundo a ter maioria feminina no Parlamento: 61,3% dos assentos estão ocupados por elas. A média mundial de ocupação política por mulheres nos parlamentos é de apenas 21,9%.

Na Constituição de 2003, o país também estabeleceu igualdade de gêneros na educação, na economia e na posse de terras. Também

⚠ **CULTURA ORGANIZACIONAL LIVRE DE ASSÉDIO** ⚠

foram criados conselhos locais exclusivamente femininos que cuidam de assuntos como educação, saúde e segurança pessoal.

Em 2008, foram incorporadas novas leis que tornavam a violência doméstica ilegal e previam punições severas para qualquer caso de estupro.

A importância da sororidade

Essa reflexão sobre como a cultura do assédio é prejudicial às mulheres não estaria completa sem o entendimento do que significa sororidade, uma palavra que se refere à união entre as mulheres e tem como propósito desconstruir a tradicional rivalidade associada ao gênero feminino.

Para ficar mais fácil de entender, sororidade é exatamente o oposto do que a madrasta da Cinderela e as suas filhas faziam com a protagonista, colocando-a sempre em uma posição de exploração, desigualdade e humilhação.

A ideia de que as mulheres são competitivas e que não são amigas de verdade foi construída como uma crença na qual somos levadas a acreditar desde a infância. Assim, as mulheres não se unem pelos seus direitos e pela igualdade de gênero.

Por isso, sempre que possível reforço a importância de as mulheres apoiarem umas às outras. Para abraçarmos a sororidade no ambiente de trabalho, acredito ser fundamental mudarmos alguns comportamentos e praticarmos as seguintes ações:

1) Adotar uma postura amigável em relação às outras mulheres, para que não haja um clima de competição;

⚠ CULTURA ORGANIZACIONAL LIVRE DE ASSÉDIO ⚠

2) Não julgar uma mulher pela forma como ela se veste, mas sim concentrar-se em suas competências e capacidade;

3) Não utilizar termos que possam difamar a imagem de outra mulher;

4) Não fortalecer os estereótipos de comportamento associados às mulheres, como mandonas, ambiciosas agressivas e exigentes;

5) Ter atitudes de cooperação que possam apoiar outras mulheres, como elogiar uma apresentação.

Certa vez, eu estava na plateia de um evento no qual uma CEO contava a sua trajetória corporativa, que havia começado como telefonista até chegar ao cargo mais alto da empresa. Uma política de mentoria da empresa fez com que ela desde o início da carreira fosse mentorada por um dos diretores – ele reconheceu o seu talento e a orientou a fazer os cursos que mais a ajudariam a se desenvolver.

Enquanto contava a sua história, uma mulher que estava sentada ao meu lado comentou: "Ela deve ter tido um caso com ele". A minha resposta foi imediata: "Não acredito que você disse isso!". Ela logo pediu desculpas, dizendo que estava apenas pensando em voz alta.

O comentário dela, porém, deixa evidente o pensamento que, consciente ou inconscientemente, ainda está na mente de muitas pessoas. Espero que a minha resposta tenha despertado algum sentimento diferente nela – e que esse relato também nos faça mais uma vez pensar como a cultura da rivalidade e do assédio é prejudicial para todas as pessoas.

SUGESTÕES PARA IR ALÉM

LIVROS:

- BUTLER, Judith. *Problemas de gênero*: feminismo e subversão da identidade. Tradução: Renato Aguiar. 22. ed. São Paulo: Civilização Brasileira, 2003.

- SIEGHART, Mary Ann. *A lacuna da autoridade*: porque as mulheres não são levadas tão a sério quanto os homens e como mudar esse cenário. Prefácio: Gabriela Prioli. 1. ed. Rio Grande do Sul: Benvirá, 2022.

- CONNELL, Raewyn; PEARSE, Rebeca. *Gênero*: uma perspectiva global. São Paulo: nVersos, 2015.

- SOUZA, Babi. *Vamos juntas?* O guia de sororidade para todas. São Paulo: Galera, 2016.

VÍDEO:

- TEDxFiDiWomen. *Violence against women*—it's a men's issue, de Jackson Katz. Disponível em: https://www.youtube.com/watch?v=KTvSfeCRxe8

FILME:

- *O sorriso de Monalisa*. Direção: Mike Newell. Roteiro: Lawrence Konner e Mark Rosenthal. Filme 1h59. 2004. Netflix.

Referências

38. Exame - O enigma do acidente envolvendo pai e filho que ganhou a internet. https://exame.com/tecnologia/o-enigma-do-acidente-envolvendo-pai-e-filho-que-ganhou-a-internet/

39. EAGLY, A.; KARAU, S. Role congruity theory of prejudice toward female leaders. *Psychological Review*, 2002.

40. FORBES, Jorge. Que vem e que passa - Congresso da Associação Mundial de Psicanálise, 2022. Disponível em: http://jorgeforbes.com.br/que-vem-e-que-passa-congresso-da-associacao-mundial-de-psicanalise-paris-2022/

41. BRASIL. *LEI Nº 4.121, DE 27 DE AGOSTO DE 1962*. Disponível em: https://www.planalto.gov.br/ccivil_03/leis/1950-1969/l4121.htm

42. Março Delas: Conheça a Trajetória das Lutas pelos Direitos das Mulheres no Brasil. *SESC*, 2021. Disponível em:https://www.sescrio.org.br/noticias/assistencia/marco-delas-conheca-a-trajetoria-das-lutas-pelos-direitos-das-mulheres-no-brasil/#:~:text=Em%2027%20de%20agosto%2C%20a,filhos%20em%20casos%20de%20separa%C3%A7%C3%A3o

43. MACHADO, Fabiana M. Investir dinheiro é assunto de mulher? *Correio do Povo*. Disponível em: https://bellamais.correiodopovo.com.br/colunistas/fabianamendoncamachado/investir=-dinheiro-%3C%9A-assunto-de-mulher1-584384.#:~:text-Liberdade,da%20Mulher%20Casada%20

44. BRASIL. *Lei Nº 6.136, de 7 de Novembro de 1974*. Disponível em: https://www.planalto.gov.br/ccivil_03/leis/1970-1979/L6136.htm#:~:text=LEI%20N%C2%BA%206.136%2C%20DE%207%20DE%20NOVEMBRO%20DE%201974&text=Inclui%20o%20sal%C3%A1rio%2Dmaternidade%20entre%20as%20presta%C3%A7%C3%B5es%20da%20Previd%C3%AAncia%20Social

45. REGIS, Mariana. Por que muitas mulheres ainda mudam seu nome ao casar, acrescendo o sobrenome do marido - e a maioria dos homens não faz o mesmo? *JusBrasil*. Disponível em: https://www.jusbrasil.com.br/artigos/por-que-muitas-mulheres-ainda-mudam-seu-nome-ao-casar-acrescendo-o-sobrenome-do-marido-e-a-maioria-dos-homens-nao-faz-o-mesmo/828856621

46. CONNELL, R.; PEARSE, R. *Gênero*: uma perspectiva global. São Paulo: Versus, 2015, pp. 33-45.

47. IBGE - Outras formas de trabalho: 2018. Disponível em: https://www.ibge.gov.br/estatisticas/sociais/populacao/17270-pnadcontinua.html?edicao=24091&t=sobre

48. BRASIL. Governo Federal - *Programa Empresa Cidadã*, instituído pela Lei nº 11.770/2008. Disponível em: https://www.gov.br/receitafederal/pt-br/assuntos/orientacao-tributaria/beneficios-fiscais/programa-empresa-cidada/orientacoes

49. ALVES, Camila. Marta amplia recorde de gols pela seleção brasileira e afirma: "Estou insaciável". *Globo.com*, 2022. Disponível em: https://ge.globo.com/futebol/futebol-feminino/noticia/marta-amplia-recorde-de-gols-pela--selecao-brasileira-e-afirma-estou-insaciavel.ghtml

50. ARRUDA, Eduardo, MATTOS, Laura. Ex-Miss Brasil se dá bem em teste sobre o futebol. *UOL.com*. Disponível em: https://www1.folha.uol.com.br/fsp/ilustrad/fq2801200713.htm

51. BRASIL. Governo Federal - Lei garante igualdade salarial entre mulheres e homens. Disponível em: https://www.gov.br/mds/pt-br/noticias-e-conteudos/desenvolvimento-social/noticias-desen-volvimento-social/presidente-lula-sanciona-lei-que-garante-igualdade-sa-larial-entre-mulheres-e-homens#:~:text=Com%20objetivo%20de%20ga-rantir%20a,segunda%2Dfeira%20(03.07)

52. MCKINSEY - Women in the Workplace 2020. Disponível em: https://www.mckinsey.com/featured-insights/diversity-and-inclusion/women-in-the--workplace

53. Mulheres recebem 33,8% menos que os homens no setor automotivo. *Balconista S/A*. Disponível em: https://balconistasa.com/novosite/mulheres--recebem-338-menos-que-os-homens-no-setor-automotivo/

54. Global Gender Gap Report 2023. Disponível em: https://www3.weforum.org/docs/WEF_GGGR_2023.pdf

⚠ PARTE 2: ⚠
APROFUNDAR

CONHECENDO O ASSÉDIO MORAL E SUAS IMPLICAÇÕES

Esta história aconteceu alguns anos atrás com uma colega de profissão. Ela, uma mulher negra, foi chamada pelo departamento de RH e ouviu a seguinte pergunta: "Você quer ser conhecida como a mulher do sapato amarelo ou como a profissional competente que é?".

Mas agora eu pergunto: por que os acessórios e as roupas que expressavam sua identidade estavam sendo questionados pela empresa?

No entanto, a perseguição com essa colega não parou por aí: em um momento, o problema era o cabelo afro; em outro, a roupa estava muito colorida. Ela chegou a escutar até que não arrumava namorado, pois tinha mau hálito.

Minha colega entendeu que seguiria sendo alvo de assédio se continuasse trabalhando naquele lugar. Seu corpo começou a sentir o impacto do assédio. Assim que colocava os pés na empresa, ia direto para o banheiro vomitar. Pediu demissão e foi cuidar da sua carreira em outra companhia.

Esse é um exemplo explícito de assédio moral, que acontece quando uma pessoa é submetida de maneira repetida a situações

⚠ **CULTURA ORGANIZACIONAL LIVRE DE ASSÉDIO** ⚠

humilhantes e constrangedoras no ambiente de trabalho. É tudo o que fere a dignidade, a honra, a autoestima e a integridade física ou psíquica de alguém – degradando o clima organizacional e até ameaçando seu emprego.

O assédio precisa ser repetitivo. Se a atitude problemática ocorreu uma única vez, esse ato não pode ser considerado assédio moral, apesar de provavelmente ter ferido o código de conduta da empresa que preza pelo respeito e pela não discriminação por qualquer característica da pessoa. Além disso, é preciso haver intenção de quem está assediando, um desejo de produzir um efeito específico, geralmente desestabilizar a pessoa que está sendo agredida.

Uma das características marcantes desse comportamento é expor a vítima a humilhações e constrangimentos, sempre de forma prolongada. Além disso, o assédio moral pode atingir todas as pessoas, sejam elas homens ou mulheres, brancas ou negras, pertencentes a outro grupo minorizado ou não. No entanto, de forma geral, percebemos que os homens costumam sofrer mais calados, enquanto as mulheres tendem a compartilhar mais o que estão sentindo.

Cobrar resultados, pontualidade e entregas não é assédio. Mas o modo como isso é feito pode vir a ser, especialmente se for acompanhado de xingamentos e em público. Afinal, o objetivo é inferiorizar, ridicularizar e ofender, causando sofrimento. Os efeitos disso são graves para a vítima e podem comprometer suas relações afetivas e sociais, gerando ou agravando casos de depressão, ansiedade e insônia.

⚠ **CULTURA ORGANIZACIONAL LIVRE DE ASSÉDIO** ⚠

Nos casos em que o assédio moral vem da liderança em relação à pessoa subordinada, o chamado assédio vertical[55], os efeitos negativos podem afetar também o comportamento da equipe como um todo. Uma reação comum é isolar a pessoa assediada para proteger o próprio emprego ou para reproduzir a conduta de quem agride. Uma rede de silêncio e de tolerância com ações violentas pode surgir daí, inclusive se espalhando por toda a empresa.

Importante: o assédio não é linear. Além de vertical, pode também ser horizontal, quando observado entre pares ou colegas de trabalho sem relação de subordinação. Ou ainda misto, envolvendo simultaneamente pessoas com ambos os contextos.

Desconhecimento

A pergunta que precisamos responder é: será mesmo necessário falar de assédio moral em pleno século 21? A resposta é sim. No dia a dia das empresas, observo que ainda há mais foco em questões ligadas à *compliance* e fraudes, por exemplo, do que no diálogo a respeito desse problema.

Compliance é o acompanhamento da conduta da empresa, principalmente em relação ao cumprimento das leis e normas dos órgãos de regulamentação. É observar com atenção se a empresa está trabalhando conforme determina a legislação e a ética em diferentes esferas, desde a emissão de poluentes no ar até a contratação de fornecedores que não usem mão de obra escrava, por exemplo.

Na prática, as pessoas nem sabem o que é assédio e ainda são pouco orientadas nesse sentido. Já vi casos de a pessoa chegar à empresa

⚠ CULTURA ORGANIZACIONAL LIVRE DE ASSÉDIO ⚠

e assinar um documento que praticamente não leu. Não há compreensão do tema, pelo contrário: na maioria dos casos, a cultura corporativa é muito permissiva em relação ao assédio moral.

É a velha lógica de continuar aceitando atitudes grosseiras, sem promover o diálogo, a reflexão a respeito da gestão das emoções, da inteligência emocional e de como lidar com os desafios que se apresentam.

Parte da naturalização dessa violência surge da chamada "Cultura dos Trapalhões". No programa, os quatro amigos se xingavam o tempo inteiro, e o humor dava a essas interações a impressão de serem inofensivas. É o que chamo de "cultura do insulto". Quanto mais me sinto amiga da pessoa, mais entendo que tenho "liberdade" para abusar dos insultos. É parecido com o que fazemos com nossos irmãos ou irmãs: escolho alguma característica que a pessoa menos gosta e fico repetindo, seja "nariguda", "tampinha", "burro", "baleia".

Hoje, muitas pessoas ainda consideram que se não há intenção explícita de machucar alguém também não há mal. Apontar problemas seria "mimimi". Mas não dá para achar normal – no ambiente de trabalho ou em qualquer outro lugar – falas como "Essa camisa não tinha para homem?" ou "Você torce para time de gays".

Porém, tudo isso já foi encarado com naturalidade no passado. Hoje, há um sentimento generalizado de que Os Trapalhões não teriam lugar na TV aberta. Se as piadas da atração, baseadas na humilhação e nos estereótipos, não cabem mais na televisão, também não cabem na vida real, muito menos no ambiente corporativo que tem suas regras e seus códigos de conduta.

⚠ CULTURA ORGANIZACIONAL LIVRE DE ASSÉDIO ⚠

Muitas pessoas seguirão achando que agora "não se pode falar nada", mas por experiência própria também sei ser possível mudar essa percepção por meio da conscientização.

Assédio multifacetado

O assédio moral pode assumir diversas formas. Das mais abertamente agressivas, com acusações, insultos e xingamentos com gritos, até algumas menos óbvias. Desconsiderar problemas de saúde ou recomendações médicas na distribuição de tarefas, delegar frequentemente afazeres considerados inferiores ou diferentes das atribuições da pessoa – ou ainda deixar a vítima no ócio para que pareça preguiçosa – são também maneiras de assediar.

Assim como também é assédio moral impedir a pessoa de exercer seus direitos, como ter horário de almoço, tirar um período de férias ou mesmo ir ao banheiro. Apelidos constrangedores rejeitados pela vítima, piadas sobre alguma característica dela ou críticas à vida particular e às suas escolhas – como na história do sapato amarelo – são outros exemplos de violências mais sutis.

Essas agressões podem acontecer entre pessoas ou partir da própria instituição, quando as empresas permitem e, em alguns casos, até incentivam os desvios de comportamento moral das pessoas. Ou você nunca ouviu falar de pessoas gestoras capazes de fazer afirmações como "trabalhar aqui é para os fortes" ou "aqui, os fracos não têm vez"?

Nesses casos, a companhia é coautora do assédio moral, permitindo a existência de um ambiente no qual o assédio tem espaço para acontecer. Infelizmente, o estímulo a comportamentos tóxicos é mais comum do que se possa imaginar.

Retaliação

Gosto de lembrar aos meus clientes que as pessoas costumam tratar as empresas do mesmo modo como são tratadas. E que é preciso proporcionar ambientes corporativos de respeito, real apoio e incentivo.

Mas, na maior parte das vezes, ainda falta um suporte efetivo, amplo e confiável para denúncias de assédio moral. Em muitos departamentos de RH, a pessoa que quer registrar o que sofreu ainda é recebida com questionamentos como: "Mas você tem certeza do que está dizendo?", "Alguém mais viu o que você está dizendo e pode testemunhar a seu favor?".

Por isso há tantos entraves na hora de levar uma queixa como essa à frente. Desde a falta de um entendimento consciente sobre a natureza da agressão sofrida, até receio de não haver punição, medo de perder o emprego ou expectativa de retaliação da pessoa assediadora.

Isso porque a vingança é uma saída comum para pessoas que assediaram e foram repreendidas formalmente por isso pela empresa. Mas só são consideradas retaliações as ações com impacto negativo na carreira ou na vida pessoal da vítima.

Novos horários de trabalho que dificultem a vida da pessoa, *feedbacks* negativos sem justificativa, exclusão de reuniões e de eventos importantes, aumento exponencial da carga de trabalho e demissão sem justa causa são alguns exemplos.

⚠ **CULTURA ORGANIZACIONAL LIVRE DE ASSÉDIO** ⚠

Quando realizamos censo ou diagnóstico de DIEP (diversidade, inclusão, equidade e pertencimento), perguntamos se a pessoa tem confiança no canal de denúncia da empresa, caso precise utilizá-lo. Em muitos casos, as respostas são: "já vi que não dá em nada" ou "o gestor agressivo continua aqui, e está ainda pior depois que abriram a denúncia".

Casos

Sendo retaliação ou não, já vi muita coisa acontecer e já ouvi histórias muito duras e tristes nos meus anos em contato direto com empresas de todos os setores e portes. Em uma determinada organização, por exemplo, um jovem precisou mudar a cor do cabelo, que tinha mechas azuis, e tirar o brinco. Foi um pedido de seu gestor – e posso garantir que a preocupação com a segurança da pessoa de *piercing*, por exemplo, não estava entre as motivações.

Em outra empresa, foram contratadas pessoas LGBTQIAPN+ para a planta de uma fábrica. Mas, quando elas chegavam para almoçar no refeitório, geralmente em grupo, muitas pessoas se levantavam e saíam da mesa. Esses não são casos isolados, infelizmente, porque o assédio se manifesta das mais variadas formas.

No nosso mundo hiperconectado, também há quem obrigue equipes a fazer dancinhas nas redes sociais, ou mesmo nos treinamentos corporativos, ou poste mensagens depreciativas em grupos de trabalho em aplicativos como o WhatsApp.

Também é comum que haja interferência no planejamento familiar das colaboradoras, com "avisos" do tipo: "Espero que

⚠ CULTURA ORGANIZACIONAL LIVRE DE ASSÉDIO ⚠

ninguém engravide aqui" ou "você acabou com a sua carreira agora que ficou grávida".

Como prevenir

Quando me perguntam como prevenir o assédio, começo respondendo que a melhor prevenção é a informação. É daí que tudo parte. As pessoas precisam ser muito bem orientadas a respeito do que é assédio moral e do fato de que a empresa em que elas trabalham não está de acordo com isso.

É preciso construir um ambiente respeitoso nas organizações e, para isso, são necessárias conversas sobre quais linguagens e comportamentos são considerados ofensivos. Piadas, por exemplo, podem impedir a criação de um ambiente inclusivo. Se o caso for o de uma brincadeira sexista, pode ser útil perguntar à equipe como se sentiriam se suas filhas, sobrinhas, mulheres ou namoradas passassem por isso.

Mais do que dizer o que não fazer, por vezes é útil também explicitar os comportamentos esperados. O mesmo vale para a liderança. Quem está em posições de tomada de decisões deve ter um comportamento coerente com suas falas, além de cobrar seu time, se for o caso.

Outra boa estratégia é convidar pessoas para serem agentes de transformação na empresa, para implementar uma cultura inclusiva. Isso inclui justiça e respeito com todas as pessoas, de clientes a pessoas que prestam serviço, passando pelas equipes internas, em um ambiente livre de discriminação, assédio e *bullying*.

⚠ CULTURA ORGANIZACIONAL LIVRE DE ASSÉDIO ⚠

Mas também prevê um espaço de confiança, no qual as pessoas podem ser quem são, com segurança para se expressar e motivação para entregar seu melhor trabalho. Isso porque a valorização das singularidades individuais e seu acolhimento estão garantidos.

E tudo isso tendo em conta que, em uma cultura inclusiva, o comprometimento vem de cima para baixo e define o clima organizacional[56]. Nesse sentido, é fundamental perguntar às pessoas como elas se sentem e ouvi-las genuinamente. Escutar e respeitar TODAS as pessoas. Assim, com a palavra TODAS em caixa alta, para que fique bem explícito.

Faz parte do respeito o saber lidar com o assédio moral de modo justo e rápido, lembrando sempre que o silêncio não é neutro. Pelo contrário, ele valida a conduta inadequada, permitindo que o problema continue existindo.

Não admita o desrespeito, simplesmente não aceite condutas inadequadas, esteja você em qualquer posição na empresa. Não permita comentários como "você viu como ela está gorda?", "contrataram outro gay", "ela é muito burra". Traga a reflexão para o pessoal mesmo: como você está contribuindo para a criação de um ambiente tóxico na organização em que trabalha?

Iniciativas como, por exemplo, os Diálogos Diários de Segurança ou DDSs, são bem-vindas. Elas dão às pessoas a oportunidade de dizer como se sentem em cada ocasião.

Vi isso na prática em um cliente de uma indústria de equipamentos perigosos. Geralmente, após a realização dos DDSs, que são conversas breves com os times, cada pessoa podia escolher

⚠ CULTURA ORGANIZACIONAL LIVRE DE ASSÉDIO ⚠

uma carinha verde, uma amarela ou uma vermelha. A pessoa que estivesse vermelha era acolhida logo, tendo a oportunidade de conversar a respeito do seu momento. Já aquelas com a carinha amarela poderiam fazer atividades mais leves no dia, enquanto as verdes iam operar as máquinas.

No vídeo *Aqui é Bahia, aqui é respeito*[57], criado pelo governo do Estado, temos a representação prática de como o assédio moral é feito nos mais variados contextos.

A cena começa com uma moça na praia, tirando a saída de banho e dizendo "vão fazer piadinha, quando eu tirar a canga, só porque sou gorda". Em seguida, um jovem negro entra em um supermercado e anuncia: "O segurança da loja vai começar a me seguir, porque eu sou negro".

As próximas a entrar em cena são duas mulheres, namoradas. É quando a câmera se aproxima de uma delas, que diz: "Aquela mesa vai comentar que esse beijo é um absurdo, porque somos lésbicas".

E assim segue o material, apresentando situações variadas de assédio, incluindo uma mulher, durante uma reunião em uma empresa, que avisa: "Ele vai me interromper, porque sou mulher".

A tensão vai aumentando até chegar a uma mulher transgênero, que afirma: "Eu vou ser assassinada ali na esquina, só porque sou trans". É realmente um conteúdo doloroso, mas que leva à reflexão.

Refletir é preciso, precisamos conscientizar as lideranças, as pessoas profissionais de recursos humanos e quem mais pudermos alcançar. Nos meus treinamentos, convido as pessoas para

⚠ CULTURA ORGANIZACIONAL LIVRE DE ASSÉDIO ⚠

pensarem exatamente nisso, nos exemplos reais, daquilo que acontece ao nosso redor.

Lembro que temos inteligência emocional e, por isso, não sairemos por aí batendo nas pessoas. Mas, como já refletimos em capítulos anteriores, quem chama colegas de "veadinho" ou "bichinha" está falando do mesmo modo que falam pessoas homofóbicas que cometem crimes nas ruas. Logo, quem não quer colaborar com a violência, precisa agir com respeito.

Para quebrar o gelo e suavizar eventuais resistências, gosto de encerrar os meus treinamentos e *workshops* comentando que provoquei, mas, se não fizesse isso, não conseguiria levar as pessoas presentes a uma transformação. Fico muito feliz quando ouço de volta: mas isso já foi uma transformação.

Um desafio que se torna ainda maior quando lembramos que as empresas, de modo geral, reúnem pessoas de todas as idades. As pessoas com mais de 40 anos, como já sabemos, são mais influenciadas pela nossa conhecida Cultura dos Trapalhões; e as mais jovens, mais atentas aos temas de diversidade, inclusão, equidade e pertencimento.

Ainda naturalizamos injustiças como preconceito, sexismo, LGBTfobia, racismo, gordofobia, xenofobismo, capacitismo, etarismo, classismo. É impressionante como ainda trazemos tudo isso nas nossas falas.

É quando você diz ou escuta alguém dizer: "Fulano é muito baiano/paraíba", "nossa como você emagreceu, está ótima", "vai lá, negão", "deixa de frescura, sua bicha", "e aí, sapata?", "que roupa de traveco é essa?" e assim por diante.

⚠ **CULTURA ORGANIZACIONAL LIVRE DE ASSÉDIO** ⚠

Sei que crescemos ouvindo essas coisas em casa, na rua e nos meios de comunicação. São conteúdos que foram naturalizados. O que nos cabe agora é desconstruir tudo isso.

Como podemos e devemos agir

Nos casos em que não tenha sido possível evitar a fala, sendo você quem sofreu essa violência ou ainda quem escutou, tenha atitude. Para começar, informe para a pessoa que teve o comportamento errado sobre como a atitude dela é inaceitável. No mínimo, interrompa a conversa: "Isso não é engraçado". Depois, converse com a pessoa diretamente para esclarecer que a conduta dela não é cabível e deve parar.

Além disso, as vítimas do assédio devem guardar provas, registrar dia e hora dos acontecimentos, entre outros detalhes, descrever se estava ou não a sós com quem agrediu, pedir a ajuda de colegas que possam ter passado pela mesma situação e comunicar o ocorrido ao RH.

Também é importante evitar conversar e ficar a sós com a pessoa agressora, contar com o apoio da família e das pessoas amigas, buscar ajuda psicológica e não se isolar. Muito importante reforçar: o assédio moral não se combate com silêncio. Daí a importância de ampliar o diálogo em torno do assunto.

De acordo com informações da cartilha *Assédio moral e sexual: reconhecer para enfrentar*, da OAB Distrito Federal[58], não existe uma pena específica para o empregador que assedia moralmente pessoas das próprias equipes, mas isso não quer dizer que não possam ser impostas penalidades à organização diante de situações assim.

⚠ CULTURA ORGANIZACIONAL LIVRE DE ASSÉDIO ⚠

E isso porque o assédio afeta princípios constitucionais ligados ao princípio da dignidade da pessoa humana e ao valor social do trabalho, que estão previstos na Constituição Brasileira.

E mais: segundo o Código Civil, mais precisamente seu artigo 186, "aquele que, por ação ou omissão voluntária, negligência ou imprudência, violar direito e causar dano a outrem, ainda que exclusivamente moral, comete ato ilícito".

A Convenção 190 da Organização Internacional do Trabalho (OIT)[59] também aborda o tema ao apresentar a seguinte definição para o assédio: "Um conjunto de comportamentos e práticas inaceitáveis, ou ameaças de tais comportamentos e práticas, que se manifestam apenas uma vez ou repetidamente, que objetivam causar, ou são suscetíveis de causar danos físicos, psicológicos, sexuais ou econômicos, incluída a violência e o assédio em razão de gênero".

As consequências do assédio moral podem ser psíquicas, físicas, sociais e profissionais para suas vítimas. Os prejuízos disso se estendem ainda ao ambiente de trabalho, impactando todas as pessoas.

Reforço ainda que a dor provocada pelo assédio moral é tão ampla que impacta a vida da pessoa que é assediada como um todo, afetando a sua identidade, a sua dignidade e as suas relações afetivas, pessoais e sociais, com danos à saúde do corpo e da mente.

Pensando na sociedade como um todo, isso pode levar à desestruturação de famílias, aumento de despesas com tratamentos médicos, mais gastos com benefícios sociais e mais despesas com processos na Justiça. O assédio moral onera todas as pessoas.

⚠ CULTURA ORGANIZACIONAL LIVRE DE ASSÉDIO ⚠

Mas há também danos, inclusive econômicos no âmbito das empresas. O assédio moral pode reduzir a produtividade, inclusive pelas ausências frequentes das pessoas; aumentar a rotatividade dos times; gerar mais erros e acidentes de trabalhos, e potencialmente mais licenças médicas; expor negativamente a organização; e multiplicar ações contra a empresa na Justiça, gerando mais indenizações trabalhistas e multas administrativas.

Responsabilidade de todas as pessoas

A cultura de respeito é de responsabilidade de todas as pessoas e é preciso deixar explícito quais comportamentos são aceitáveis ou não. Lembrando que um ambiente saudável impacta positivamente a produtividade, o que só é possível a partir do respeito e da humanização das relações.

Se a sua empresa está doente, é hora de cuidar disso. A saída está na informação, no respeito, na humanidade.

⚠ CULTURA ORGANIZACIONAL LIVRE DE ASSÉDIO ⚠

SUGESTÕES PARA IR ALÉM

LIVROS:

- CHAPMAN, Bob; SISODIA, Raj. *Todos são importantes*: o extraordinário poder das empresas que cuidam das pessoas como gente, e não como ativos. Rio de Janeiro: Alta Books, 2020.

- ROSENBERG, Marshall B. *Comunicação não violenta*: técnicas para aprimorar relacionamentos pessoais e profissionais. São Paulo: Ágora, 2021.

- KAHNEMAN, Daniel; SIBONY, Oliver; SUNSTEIN, Cass R. *Ruído*: uma falha no julgamento humano. Rio de Janeiro: Objetiva, 2021.

FILME:

- *A tenente de Cargil.* Direção: Sharan Sharma. Roteiro: Nikhil Mehrotra. Filem 1h52min, 2020. Netflix.

SÉRIE:

- *As telefonistas.* Criado por Gema R. Neira, Ramón Campos, Teresa Fernández-Valdés. 2017 – 2020. Netflix.

Referências

55. Cartilha de Prevenção ao Assédio Moral – *TST*. Disponível em: https://www.tst.jus.br/documents/10157/55951/Cartilha+ass%C3%A9dio+moral/573490e3-a2dd-a598-d2a7-6d492e4b2457

56. Gallup - Diversity and Inclusion: Bottom-Up as Well as Top-Down. Disponível em: https://www.gallup.com/cliftonstrengths/en/266405/diversity-inclusion-bottom-top-down.aspx

57. Governo da Bahia - *Aqui é Bahia, aqui é respeito.* (filme) 1:01. YouTube. 2021. Disponível em: https://www.youtube.com/watch?v=fe8nZBaLsNE

58. OAB Distrito Federal - Cartilha Assédio Moral e Sexual - Reconhecer para enfrentar. Disponível em: https://oabdf.org.br/wp-content/uploads/2021/05/Cartilha-Assedio-Moral-e-Sexual-Reconhecer-para-Enfrentar-VERSAO-EM-PORTUGUES.pdf

59. OIT - Eliminar a violência e o assédio no mundo do trabalho - Convenção 190. Disponível em: https://www.ilo.org/brasilia/noticias/WCMS_831984/lang--pt/index.htm

COMO A CULTURA PERMITE E INCENTIVA O ASSÉDIO SEXUAL?

Acredito que essa pergunta revela muito sobre a importância de falarmos do tema: será que os homens já pensaram que andam livremente e sem medo pela rua, enquanto suas filhas (ou mães, irmãs, primas, tias, amigas, namoradas, esposas) podem não ter a mesma liberdade? Se elas saírem à noite sozinhas, é provável que fiquem alertas, olhando para todos os lados.

Agora estendo a pergunta para todas as pessoas: por acaso você já pensou de onde esse sentimento vem? Quais são as bases do assédio sexual? De onde surge a autorização que tantas pessoas pensam ter para poder importunar alguém?

Esses comportamentos são parte da chamada cultura do assédio, que ainda traz o conceito enraizado de que mulheres são objetos e propriedades dos homens. Desde a infância, tanto homens quanto mulheres aprendem e escutam que algumas mulheres são "para pegar; outras, para casar" e que os meninos "devem pegar todas".

A boa notícia é que já avançamos, mesmo que lentamente. Vinte anos atrás, quando entrei no mercado de trabalho, os casos eram ainda mais comuns. Até hoje lembro do momento em que

⚠ CULTURA ORGANIZACIONAL LIVRE DE ASSÉDIO ⚠

um presidente de uma empresa me cumprimentou em um evento – e tocou na lateral do meu seio de forma proposital. Na época, fiquei paralisada e sem reação. Ele fez isso de forma tão natural, que cheguei a me questionar se o gesto de fato tinha acontecido. Se fosse hoje, certamente teria reagido.

Aposto que muitas pessoas já ouviram algumas dessas frases no ambiente de trabalho: "Nossa, você está demais hoje", "assim eu não consigo resistir", "desse jeito, ofereço casa, comida e roupa lavada", "com este batom vermelho, vai ficar difícil me controlar", "assim você me mata", "ô, lá em casa...". Sei que esses comentários ainda não foram totalmente abolidos, porém já temos mais consciência em torno do assunto.

Apesar disso, o passado muitas vezes não parece tão distante: a deputada estadual Isa Penna sofreu um assédio similar ao meu em uma ocasião pública, diante das câmeras, durante a sessão para votação do orçamento do Estado de São Paulo, em plena Assembleia Legislativa (Alesp), em dezembro de 2020[60] – pleno século 21. Quem a assediou foi o também deputado estadual Fernando Cury.

As imagens do local mostram o momento em que Cury abraça a deputada por trás e passa as mãos nos seios dela, o que levou Isa a registrar um boletim de ocorrência contra seu agressor por importunação sexual. No entanto, durante o seu depoimento ao Conselho de Ética da Alesp, Cury disse que havia praticado um "gesto de gentileza", pedindo desculpas pelo ocorrido. Ele foi suspenso da Assembleia e notificado pela Justiça dez meses depois de ser denunciado.

Cada vez mais vemos como as diferenças geracionais impactam a forma como as mulheres reagem aos episódios de assédio sexual. Entre as mulheres mais jovens, a tolerância a qualquer comportamento em relação a seus corpos, como um gracejo ouvido na rua, é baixa ou nula. Muitas delas já defendem o direito de se vestir como quiserem, com o comprimento da roupa que desejarem – e não aceitam serem julgadas ou importunadas por isso.

Lembro de um episódio recente relatado por uma das participantes de um programa de *coaching* para mulheres da CKZ Diversidade. Ao sair da sala do seu diretor após uma reunião de trabalho, ele elogiou a sua beleza e fez o seguinte pedido: "Dá uma voltinha porque hoje você está demais". Por incrível que pareça, essa história aconteceu em 2023.

Ainda assim, sou otimista de que estamos vivendo uma mudança de paradigma. Algumas décadas atrás, poucas mulheres teriam feito o que uma amiga engenheira fez recentemente. Ao passar em frente a uma obra e ouvir o assobio de um homem, ela se virou e perguntou: "Oi, você está falando comigo?". De tão espantado com a reação, o assediador só conseguiu responder "não, não".

O que é assédio sexual?

Assédio sexual é uma abordagem com intenção sexual de maneira não consensual por parte da pessoa assediada. Assim como acontece no assédio moral, o sexual não é linear – pode ser vertical, horizontal ou misto. Ou seja, entre colegas, entre pessoas em posições hierárquicas distintas, ou em uma combinação das duas possibilidades. Por mais incrível que pareça, o assédio sexual mais comum ainda é o da liderança com suas lideradas.

⚠ CULTURA ORGANIZACIONAL LIVRE DE ASSÉDIO ⚠

No dia a dia das empresas, a palavra mais usada em referência a uma situação de assédio sexual é "brincadeira", sempre para tentar minimizar a gravidade da questão. No entanto, todo contato físico indevido é assédio sexual. E um ponto alarmante: em muitos casos, as mulheres, que são as principais vítimas do assédio, acabam sendo responsabilizadas pela violência que sofreram.

É assédio sexual tocar, fazer massagem nos ombros, mãos ou pernas; abraçar e beijar; ou tocar o corpo de uma pessoa em lugares que a deixem desconfortável. Na verdade, não precisa nem haver contato físico.

Também é assédio a intimidação baseada em sexo; abuso verbal de natureza sexual; piscadelas, assobios ou olhares maliciosos; convites insistentes para sair; oferecimento de jantares em troca de promoção; ou chantagens explícitas e veladas de favorecimento sexual em troca de permanência no trabalho.

Há também o que diz a lei, no artigo 216 - A do Código Penal Brasileiro[61]: o assédio sexual é "constranger alguém, com o intuito de obter vantagem ou favorecimento sexual, prevalecendo-se o agente da sua condição de superior hierárquico ou ascendência inerentes ao exercício de emprego, cargo ou função".

A pessoa que foi assediada sexualmente pode registrar boletim de ocorrência em qualquer delegacia de polícia. Mulheres devem procurar, preferencialmente, uma Delegacia da Mulher.

Em tese, qualquer pessoa pode ser vítima, de qualquer gênero ou orientação sexual, mas na prática as mulheres são as mais afetadas.

⚠ CULTURA ORGANIZACIONAL LIVRE DE ASSÉDIO ⚠

Se levarmos em conta o gênero e a raça, pesquisas mostram que as mulheres negras formam o grupo com mais vítimas de assédio sexual – homens também podem sofrer esse tipo de violência, embora aconteça com menor frequência.

Do ponto de vista legal, as empresas podem e devem apurar as denúncias, aplicando medidas repressivas, como a demissão por justa causa. Antes disso, também podem aplicar advertência ou suspensão, além de ações educativas. É essencial que as punições sejam divulgadas com clareza, para que todas as pessoas tenham acesso às informações sobre o tema, o que também ajuda a prevenir o assédio sexual.

O impacto desses episódios no trabalho é imenso. Um ciclo que começa com aquilo que é, na cabeça de muitas pessoas, "apenas uma brincadeira".

Muitos exemplos reais ilustram essa crença, mas me lembro da história de uma amiga que, ao perguntar para seu gestor se podia ficar até mais tarde para adiantar algum projeto, ouvia como resposta: "Só se a gente sair daqui juntos depois". Quando ela franzia a testa, ele amenizava: "Calma, estou brincando!".

A cena se repetia, como se fossem pílulas de assédio sexual e até mesmo um teste para quem sabe um dia ela dizer sim para as investidas do chefe. Em casos assim, a tensão vai subindo. Minha amiga nunca sabia se o gestor iria assediá-la naquele dia, o que a deixava em estado de alerta, pensando: "Será que ele vai me cantar hoje?", "Como vou lidar com isso?", "Qual será o constrangimento dessa vez?". Dúvidas como essas comprometem o

⚠ CULTURA ORGANIZACIONAL LIVRE DE ASSÉDIO ⚠

estado emocional de qualquer pessoa, bem como o próprio desempenho das suas atividades profissionais.

Com frequência, a própria vítima puxa a culpa para si: será que foi a minha roupa? Eu disse alguma coisa errada? Tive algum comportamento inadequado? Nessa hora, o mais importante é aprender a dizer *não*, o que sabemos não ser nada fácil ou simples. E jamais tomar para si a responsabilidade pelo assédio.

Existem vários sintomas dessa tendência de colocar a responsabilidade na vítima de assédio sexual. Quando a pessoa finalmente consegue se abrir e contar o que aconteceu, muitas vezes escuta respostas como essas: "Ah, mas que roupa ela estava usando?", "Ela deve ter provocado", "Ele é muito bem casado, jamais faria isso", "Ela sempre gostou de chamar a atenção", "Mas veja se tem cabimento esse decote!" etc.

Você certamente já ouviu algumas dessas afirmações – eu já ouvi de homens e mulheres! E sabe por que isso acontece? Por conta da cultura do assédio ainda muito comum nas empresas e no âmbito privado. Meu trabalho na CKZ Diversidade me leva a escutar relatos quase diários de amigas e clientes que sofreram assédio – relatos inclusive de homens, que ficaram indignados, mas dificilmente reagem.

Em um desses casos, um conselheiro da empresa onde uma amiga trabalhava ultrapassou o limite profissional durante um evento corporativo. Ele era, aliás, amigo do pai da minha amiga. Como acontece muitas vezes, ela ficou tão surpresa que não conseguiu reagir. Diante do silêncio, o conselheiro da empresa acreditou que ela aceitaria sair com ele, então voltou a insistir, mandando mensagens e telefonando, perguntando quando os dois iriam se encontrar.

Até que ela conseguiu responder: "Não vamos sair hoje, amanhã nem nunca. Preciso lembrar que você é casado, pai de quatro filhos e, ainda por cima, amigo do meu pai?". A resposta dele foi curta: "E qual é o problema?". O assediador tentou emplacar o discurso de que o seu casamento estava em crise, mas ela encerrou a comunicação e ele entendeu, enfim, o recado.

Houve ainda outra situação de assédio no trabalho envolvendo essa amiga. Após se divorciar, descobriu que os homens do seu departamento haviam feito uma competição para ver quem seria o primeiro a "pegá-la".

Conto essas histórias porque sei que elas reverberam em outras pessoas que já viram ou vivenciaram algo parecido. Esse é o resultado da cultura da objetificação da mulher agindo em prol do assédio, a mesma que estimula os homens a se comportarem como "garanhões" e "conquistadores de todas".

Importante deixar explícito que, a partir do primeiro "não", é assédio. Esse fato é relevante, pois os homens foram ensinados que devem insistir, afinal, a mulher está se fazendo de difícil.

No documentário *O silêncio dos homens*[62], já citado neste livro, descobrimos que cinco em cada dez homens foram ensinados "a chegar nas mulheres", mesmo que elas não demonstrem abertura para essa aproximação. O filme é um bom recurso para refletirmos sobre as bases da cultura do assédio que estão tão estabelecidas nos lares e no dia a dia das famílias.

⚠ CULTURA ORGANIZACIONAL LIVRE DE ASSÉDIO ⚠

As consequências

Do mesmo modo que observamos no assédio moral, o assédio sexual também deixa marcas psicológicas, físicas, sociais e profissionais.

As psicológicas envolvem ansiedade, medo, culpa, vergonha, rejeição, tristeza, inferioridade, baixa autoestima, falta de esperança e de motivação, apatia, baixa concentração, bloqueios na vida sexual, pensamentos suicidas, entre outras.

As físicas, por sua vez, incluem distúrbios digestivos, hipertensão, palpitações, dores no corpo, tremores, baixa libido, agravamento de doenças preexistentes, problemas com sono, dores de cabeça e assim por diante. Até mesmo doenças já existentes podem se agravar.

Já as sociais envolvem a redução da capacidade de interação social, problemas nos relacionamentos de modo geral e falta de confiança nos outros.

As consequências profissionais, por fim, incluem diminuição do desempenho nas atividades cotidianas, medo, raiva do ambiente de trabalho, afastamentos e licenças por questões de saúde, e doenças ocupacionais de modo geral.

Até mesmo acidentes de trabalho podem acontecer com mais frequência, já que as vítimas de assédio sexual não estão no seu melhor estado emocional – erros e distrações podem facilmente ocorrer. Imagine conviver olhando para a pessoa assediadora todos os dias.

Nas organizações, os passos para lidar com o problema são os mesmos que apontamos nos casos de assédio moral: não permitir

112

⚠ CULTURA ORGANIZACIONAL LIVRE DE ASSÉDIO ⚠

comportamentos inadequados; criar um ambiente de trabalho respeitoso, com regras explícitas de conduta que priorizem o respeito; demonstrar bons exemplos a partir das lideranças; convidar pessoas para serem multiplicadoras de uma cultura inclusiva. Uma cultura baseada na justiça e no respeito, no pertencimento, na confiança e na inspiração.

Além disso, é vital ter um departamento de *compliance* atuante e bem estruturado. Para que seja possível tratar o assédio sexual com tolerância zero, identificando, resolvendo os casos e aplicando punições de forma justa e rápida.

Também é sempre importante lembrar: o silêncio não é neutro; ele valida a conduta agressora. É preciso dar o exemplo e demitir quem tenha agido de forma errada, independentemente do cargo e da importância da pessoa para o negócio. Afinal, desculpas como "mas esta pessoa estava na minha sucessão" ou "ela é muito importante para o negócio" não podem mais existir.

As empresas são responsáveis pelas pessoas em todos os aspectos dos seus trabalhos. De condições materiais variadas à existência de pontos de ônibus próximos e caminhos bem iluminados até eles, por exemplo.

Também cabe às organizações a responsabilidade por um ambiente psicologicamente saudável e livre de assédio. Mesmo que o assédio sexual não tenha sido praticado pela liderança, a empresa é responsável pelo que acontece durante o exercício das atividades profissionais de suas equipes.

Para favorecer processos internos que façam justiça, as vítimas de assédio sexual devem tentar gravar conversas, salvar *prints* de

⚠ CULTURA ORGANIZACIONAL LIVRE DE ASSÉDIO ⚠

mensagens trocadas, bilhetes, e-mails, mensagens em redes sociais, também entregas de presentes; anotar, com o maior número de detalhes, todas as abordagens sofridas – hora, local, nome da pessoa agressora e de possíveis testemunhas – e, por fim, denunciar o assédio na empresa e nos órgãos de proteção e defesa dos direitos das mulheres ou dos trabalhadores, como o sindicato da categoria.

É importante também pensar em estratégias de manutenção da integridade física e da saúde mental de quem sofreu essa violência. São boas saídas evitar permanecer a sós no mesmo local da pessoa assediadora; conversar com familiares e amigos a respeito do assunto; e procurar auxílio psicológico.

Sim, os homens também podem sofrer com o assédio sexual, mas o índice é baixíssimo quando comparado às mulheres. Escutei pouquíssimos casos ao longo da minha vida.

Precisamos falar sobre álcool

Pouco se fala sobre o consumo de álcool nas viagens e eventos corporativos. Quando bebemos, nosso cérebro distorce a percepção do que acontece ao nosso redor – e sabemos que muitas pessoas consomem bebidas alcoólicas nas festas das empresas[63] ou nos jantares durante viagens de trabalho. Naturalmente, o comportamento delas também será afetado.

Nessa hora, o consciente é destravado e a pessoa fica mais desinibida para falar e agir com comportamentos inadequados, fazendo o que bem quiser. Aliás, o álcool só precisa de seis minutos para chegar ao cérebro após ser ingerido, afetando os chamados neurotransmissores.

⚠ CULTURA ORGANIZACIONAL LIVRE DE ASSÉDIO ⚠

Exatamente por isso, tendências agressivas podem ficar mais intensas, abrindo inclusive uma porta para o assédio sexual. Por isso, as empresas deveriam ser mais cuidadosas nesse ponto, inclusive desenvolvendo um trabalho de controle do consumo de bebidas em quaisquer ocasiões nas quais equipes da companhia estejam presentes.

Há diversos casos de assédios envolvendo álcool tanto nas empresas como entre celebridades que vemos constantemente na mídia. A emissora de um *reality show* recentemente precisou lidar com um caso de assédio – e só agiu depois de ser bastante pressionada pelas marcas patrocinadoras, que não querem mais estar atreladas a histórias como essas.

Situações semelhantes também já aconteceram após casos comprovados de estupro cometidos por jogadores de futebol famosos. Em todas essas situações, no entanto, as primeiras reações foram de culpabilização das vítimas. Aos olhos de muitas pessoas, eram mulheres interesseiras e capazes de agir de má-fé a fim de tentar se beneficiar da situação econômica dos envolvidos.

Um episódio que também chamou a atenção do mundo aconteceu na Itália, após um grupo de juízes de Roma inocentar um zelador de 66 anos chamado Antonio Avola[64]. Acusado de assediar sexualmente uma aluna de 17 anos em uma escola, ele conseguiu se livrar da condenação sob o argumento de que a ação durou menos de dez segundos.

O assédio aconteceu em abril de 2022, quando a jovem estava subindo as escadas da escola e sentiu que alguém baixou suas calças. O zelador então tocou nas nádegas da estudante e finalizou

⚠ CULTURA ORGANIZACIONAL LIVRE DE ASSÉDIO ⚠

com um puxão em sua calcinha. Segundo a vítima, o agressor teria dito na hora que "estava apenas brincando".

Após a divulgação do veredicto, a *hashtag* #10secondi (dez segundos, em italiano) viralizou nas redes sociais, ganhando o mundo. Diante disso, a pergunta das pessoas era: a violência pode ser medida pelo tempo de duração? Será que, se fosse a sua filha ou a sua sobrinha, estaria tudo bem, afinal, foi por pouco tempo?

Segundo informações da Agência de Direitos Fundamentais da União Europeia, 70% das mulheres italianas vítimas de assédio entre 2016 e 2021 não denunciaram o incidente.

Após essa absolvição por conta dos dez segundos, me pergunto se o silêncio não pode aumentar ainda mais. A própria jovem chegou a declarar, diante do resultado, que outras mulheres sentiriam que não vale a pena denunciar o assédio. Como ela mesma disse, "o silêncio protege os agressores".

Ao olharmos para esses movimentos que acabaram ganhando repercussão em todo o mundo, principalmente por conta das redes sociais, é essencial citar também o movimento #MeToo (Eu também, em inglês), que iniciou a partir das denúncias de assédio sexual contra o produtor de cinema Harvey Weinstein, um dos mais conhecidos de Hollywood[65].

O escândalo veio à tona a partir dos textos de Ronan Farrow para a revista New Yorker, e por Jodi Kantor e Megan Twohey, do New York Times. A reportagem deu origem ao livro *Ela disse: os bastidores da reportagem que impulsionou o #MeToo*[66] e ao filme de mesmo nome, dirigido por Maria Schrader e estrelado por Zoe Kazan e Carey Mulligan.

⚠ **CULTURA ORGANIZACIONAL LIVRE DE ASSÉDIO** ⚠

A mensagem essencial do livro e do filme está na força das primeiras denúncias feitas. Se uma mulher consegue falar, abre caminho para que outras também se manifestem. É o poder do "eu também" visto na prática.

Não é não

Cada nova iniciativa criada para reduzir os casos de assédio sexual trazem mais consciência e reflexão para a nossa sociedade. Como exemplo, cito as ações realizadas nos metrôs de São Paulo e do Rio de Janeiro antes do Carnaval de 2023, que exibiram campanhas de combate ao assédio nos vagões e estações[67]. As peças publicitárias estimulavam a cordialidade e o respeito, sempre reforçando o mais importante: não é *não*.

Além do metrô das duas cidades, diferentes prefeituras Brasil afora também estão adotando o "não é não" como eixo de campanhas de conscientização. Na Paraíba, o tema agora é obrigatório em todos os eventos públicos que contam com recursos do governo do Estado[68].

A Lei 12.724, de autoria da deputada estadual Silvia Benjamim e sancionada em julho de 2023, garante que a campanha "Não é Não" seja implantada de diferentes formas: panfletos, cartazes, *outdoors*, também na locução dos eventos que acontecem na Paraíba, para que as pessoas possam ouvir lembretes a respeito do tema o tempo todo.

Outra iniciativa interessante ligada ao combate ao assédio sexual é o projeto "Vamos Juntas?"[69]. Criado na Universidade de São Paulo (USP) pelo Coletivo Feminista Anna Néri, da Escola de

⚠ CULTURA ORGANIZACIONAL LIVRE DE ASSÉDIO ⚠

Enfermagem, a campanha reúne mulheres para fazerem juntas seus deslocamentos pela universidade.

As interessadas preenchem um formulário com os seus dados e passam a ter companhia em seus trajetos. Entre os motivos para ter medo de andar sozinhas pela USP, o assédio sexual aparecia em primeiro lugar.

Mais um projeto que chamou a atenção na área de deslocamentos e transporte foi o Abrigo Amigo[70], um ponto de ônibus no qual pessoas atendentes conversam com mulheres por meio de uma tela. O objetivo é fazer companhia às passageiras até que o ônibus chegue – um recurso útil principalmente à noite e para quem está sozinha.

Em 2023, o Abrigo Amigo está presente em cem pontos de ônibus de São Paulo, Campinas e Rio de Janeiro. Assim que uma pessoa fica sozinha no ponto, a tela exibe a mensagem: "Você precisa de companhia até chegar o ônibus? Peça agora". Nessa hora, a pessoa toca na tela e é conectada por vídeo a uma atendente de uma central de segurança, explicando que fará companhia para quem está esperando o veículo chegar.

A campanha conquistou um Leão de Ouro, considerado um dos prêmios publicitários mais importantes do mundo, na categoria Media da edição 2023 do Cannes Lions, na Riviera Francesa.

Torço para que a medida se espalhe e ajude a levar segurança e conforto para o maior número possível de pessoas, especialmente às mulheres, que costumam ser as vítimas mais frequentes do assédio sexual. Acima de tudo, torço para que todas essas informações sobre assédio sexual também se espalhem, levando informação e gerando transformação na nossa sociedade.

SUGESTÕES PARA IR ALÉM

LIVROS:

- BROWN, Brené. *A coragem para liderar*. Tradução: Carolina Leocadio. Rio de Janeiro: BestSeller, 2019.

- HOOKS, Bell. *O feminismo é para todo mundo*: políticas arrebatadoras. Tradução: Ana Luíza Libânio. Rio de Janeiro: Rosa do Ventos, 2018.

FILMES:

- *Eu não sou um homem fácil*. Direção: Eleonore Pourriat. Filme 98min, 2018. Netflix.

- *Terra fria*. Direção: Niki Caro. Roteiro: Michael Seitzman. Filme 2:06min, 2006. Netflix.

- *O escândalo*. Direção: Jay Roach. Roterio: Charles Randolf. Filme 1:50min, 2020. Netflix.

- *O diabo veste Prada*. Direção: David Frankel. Roteiro: Aline Brosh McKennna. Filme: 1:50min, 2006. Netflix.

VÍDEOS:

- TEDxUniversityofNevada. *The power of us: how we stop sexual harassment*, de Marianne Cooper. Disponível em: https://www.ted.com/talks/marianne_cooper_the_power_of_us_how_we_stop_sexual_harassment

- TEDxLOndonWomen. *How to support witnesses of harassment and build healthier workplaces*, de Julia Shaw. Disponível em: https://www.ted.com/talks/julia_shaw_how_to_support_witnesses_of_harassment_and_build_healthier_workplaces

Referências

60. ZANOBIA, Luana. Vítima de assédio, deputada Isa Penna é ameaçada de estupro e morte. *Veja*. Disponível em: https://veja.abril.com.br/politica/vitima--de-assedio-deputada-isa-penna-e-ameacada-de-estupro-e-morte

61. BRASIL. *Artigo 216A do Decreto Lei nº 2.848 de 07 de Dezembro de 1940*. Disponível em: https://www.jusbrasil.com.br/topicos/28003933/artigo-216a-do-decreto-lei-n-2848-de-07-de-dezembro-de-1940

62. PAPO DE HOMEM - Pesquisa "O Silêncio dos Homens". Disponível em: https://papodehomem.com.br/report-da-pesquisa-parte-1-os-numeros-de-o-silencio-dos-homens

63. HEISE, Gudrun. Por que o álcool afeta o seu comportamento? *UOL.com*. Disponível em: https://noticias.uol.com.br/saude/ultimas-noticias/redacao/2016/01/21/por-que-o-alcool-afeta-o-seu-comportamento.htm

64. BETTIZA, Sofia. A revolta na Itália após juiz decidir que assédio de menos de 10 segundos não conta. *BBC News Brasil*, 2023. Disponível em: https://www.bbc.com/portuguese/articles/crgjnpvlzr5o

65. TALARICO, Fernanda. 'Ela Disse' é o filme bom que quase ninguém faz questão de assistir. *UOL.com*, 2022. Disponível em: https://www.uol.com.br/splash/noticias/2022/12/10/ela-disse-e-o-filme-bom-que-quase-ninguem-faz-questao-de-assistir.htm

66. KANTOR, Jodi; TWOHEY, Megan. *Ela disse*: os bastidores da reportagem que impulsionou o #MeToo. São Paulo: Companhia das Letras, 2019.

67. Metrôs de São Paulo e do Rio fazem campanhas educativas para o Carnaval. Disponível em: https://janela.com.br/2023/02/16/metros-de-sao-paulo-e-do--rio-fazem-campanhas-educativas-para-o-carnaval/

68. NUNES, Angélica, CERQUEIRA, Laerte. 'Não é não': campanha será obrigatória em eventos com recursos do governo da Paraíba. Disponível em: https://jornaldaparaiba.com.br/politica/conversa-politica/nao-e-nao-campanha-lei-obrigatoriedade/

69. "Vamos juntas?": iniciativa estudantil prevê ação pela segurança de mulheres na USP. Disponível em: https://jornal.usp.br/diversidade/vamos-juntas-iniciativa-estudantil-preve-acao-pela-seguranca-de-mulheres-na-usp/

70. Abrigo Amigo, da Eletromídia, chegará a 100 pontos e já tem 5 patrocinadores. Disponível em: https://www.meioemensagem.com.br/midia/abrigo-amigo-da-eletromidia-chegara-a-100-pontos-e-ja-tem-5-patrocinadores

VIOLÊNCIA CONTRA MULHERES

Como vimos em outros trechos do livro, as mulheres são mais suscetíveis ao assédio moral e sexual, mas não só. A violência física contra elas, especialmente no contexto doméstico, também é recorrente. E foi para tentar protegê-las que o Brasil sancionou, em 2006, a Lei Maria da Penha, considerada uma das legislações mais avançadas do mundo.

O nome é uma homenagem à farmacêutica cearense Maria da Penha[71]. Após seu ex-marido, o colombiano Marco Antonio Heredia Viveros, tentar matá-la por duas vezes, ela viveu 20 anos de batalha judicial para colocá-lo atrás das grades.

Eles se conheceram em São Paulo, quando ela fazia mestrado; e ele, pós-graduação na USP. Casaram-se em 1976 e tiveram três filhas. Depois de uma breve temporada em São Paulo, mudaram-se para Fortaleza.

Após adquirir a cidadania brasileira e se estabilizar profissionalmente, Marco Viveros revelou-se um homem cruel e violento com a mulher e as filhas. Em 1983, ele deu um tiro nas costas da companheira, enquanto ela dormia, o que deixou Maria da Penha paraplégica. Na época, ele disse à polícia que

⚠ CULTURA ORGANIZACIONAL LIVRE DE ASSÉDIO ⚠

o crime havia sido cometido por um assaltante, versão que foi desmentida pelas investigações.

Quando sua esposa voltou para casa, Marco a manteve em cárcere privado por 15 dias e, durante esse período, tentou eletrocutá-la durante o banho. Com o apoio da família e dos amigos, Maria da Penha conseguiu sair de casa em segurança. Quem leu o livro escrito pela farmacêutica, *Sobrevivi... Posso contar*[72], sabe que a violência a qual ela foi submetida renderia um *thriller* de terror psicológico, o que nos mostra como a vida real pode ser mais dura do que qualquer ficção.

Mesmo diante desse terror, Marco foi julgado apenas em 1991, oito anos depois do primeiro de seus crimes. Apesar de ter recebido uma sentença de 15 anos de prisão, ele saiu do Fórum no qual foi julgado em liberdade.

E assim seguiu-se todo um processo jurídico que durou, precisamente, 19 anos e seis meses. No fim da história, Marco ficou apenas dois anos em regime fechado. O caso gerou muitos debates e ganhou repercussão internacional. Até que, em 2006, foi sancionada a Lei número 11.340, batizada como Lei Maria da Penha em reconhecimento à luta da farmacêutica pelos direitos das mulheres.

É importante lembrar que esta legislação, que é muito associada à punição apenas por violência física, contempla outros quatro tipos de violência: patrimonial, sexual, moral e psicológica[73].

Ciclo da violência doméstica

Segundo prevê o artigo 5º da Lei Maria da Penha[74], a violência doméstica ocorre quando a vítima sofre "qualquer ação ou omissão

⚠ CULTURA ORGANIZACIONAL LIVRE DE ASSÉDIO ⚠

baseada no gênero que lhe cause morte, lesão, sofrimento físico, sexual ou psicológico e dano moral ou patrimonial".

Essa agressão costuma reproduzir três etapas principais do chamado ciclo da violência doméstica[75]: aumento da tensão, ato de violência e arrependimento seguido de comportamento carinhoso.

Nessa primeira fase de aumento da tensão, a pessoa agressora tende a ficar nervosa por coisas pequenas, manifestando ataques de raiva. Isso inclui humilhações frequentes à vítima, ameaças e destruição de objetos.

Nessa hora, a mulher tende a pensar em modos de deixar o agressor calmo e acaba tentando controlar as próprias atitudes – seu objetivo é não provocá-lo. É comum que ela sinta tristeza, angústia, ansiedade e medo.

Na maioria dos casos, a vítima entra em negação, pois não quer admitir que está sofrendo violência. Assim, esconde a real situação da família e do círculo de amizades. Além disso, busca justificar o comportamento de quem está agredindo com argumentos como "está trabalhando muito", "teve um dia ruim" e assim por diante.

Estamos falando de um estado de estresse que pode durar anos e só piora com o tempo. Por isso, há grandes chances de essa tensão explodir e chegar à etapa dois do ciclo: o ato de violência. Esse é o momento em que todos os comportamentos que aconteceram na primeira fase se transformam em agressão verbal, física, psicológica, moral ou patrimonial.

Apesar de entender o que está acontecendo, de perceber que o agressor está fora de controle e pode até acabar com sua vida, muitas mulheres se sentem paralisadas, sem conseguirem reagir.

⚠ CULTURA ORGANIZACIONAL LIVRE DE ASSÉDIO ⚠

Geralmente, há um distanciamento, mesmo que apenas afetivo, da pessoa agressora. Também é possível que a mulher busque ajuda, faça uma denúncia, fique um tempo na casa de amigos e parentes, peça o divórcio ou até mesmo decida tirar a própria vida.

Isso acontece até começar a fase três: a do arrependimento e comportamento carinhoso. Essa é uma etapa também conhecida como lua de mel, afinal, quem agride passa a ser amável e a buscar a reconciliação.

A mulher fica confusa e passa a se sentir pressionada a permanecer casada. Afinal de contas, muitas vezes o casal tem filhos juntos e "forma uma família". Diante disso, ela decide dar mais uma chance ao relacionamento, acreditando de verdade quando a pessoa diz que vai mudar.

O que vem a seguir é um período mais calmo, no qual a mulher identifica alguns esforços e mudanças de atitude. São pequenos atos que a fazem lembrar dos bons momentos do passado, geralmente aqueles vividos no início do relacionamento. Ao se ver diante de atitudes de remorso, ela se sente responsável pela pessoa, o que só reforça a dependência entre a vítima e seu agressor.

O cenário não demora muito a mudar, afinal, estamos diante de um ciclo. A tensão volta, com todas as agressões típicas da primeira fase da violência doméstica. A descrição dessas etapas me faz lembrar de tantas histórias que já ouvi sobre isso, seja no meu trabalho ou nos relatos de pessoas próximas.

Alguns anos atrás, uma ex-colega de trabalho, casada há 15 anos e mãe de uma menina de 10, me encontrou em um café e aproveitou para desabafar. Segundo ela, ninguém mais além

⚠ CULTURA ORGANIZACIONAL LIVRE DE ASSÉDIO ⚠

de mim sabia que ela era vítima de violência e que o agressor era seu marido. Depois que a filha deles nasceu, ele passou a agredi-la, apertando-a contra a parede, segurando forte seus braços e fazendo xingamentos. Tudo era motivo para implicâncias e humilhações.

Ela não aguentava mais, disse que não sabia o que fazer, mas estava pensando em pedir o divórcio. Apesar disso, dois anos depois do nosso encontro, eles continuam juntos. Segundo ela, "ele melhorou".

Não faz muito tempo, uma amiga e terapeuta especializada no atendimento de mulheres me contou um caso que se conecta com esse tema. Ao receber uma mulher de 60 anos para a primeira sessão de terapia, ouviu um relato que também parecia filme de terror. Casada há 40, ela sofria com depressão e ansiedade. Em casa, apanhava e era humilhada pelo companheiro.

O primeiro tapa veio um ano depois do nascimento do primogênito dos quatro filhos, quando ela ficou magoada ao descobrir que havia sido traída. Ao tomar satisfação, ainda ouviu do companheiro: "A culpa é sua, que engordou e agora só sabe ser mãe. Tive que procurar fora o que não tinha em casa".

A sessão de terapia fluiu bem. A terapeuta a ouviu e fez algumas ponderações, como o fato de que ela não sairia da depressão se não cuidasse melhor de si e se não fosse respeitada em seu relacionamento. Foi até onde sentiu que poderia ir para não assustar a paciente.

No dia seguinte, recebeu uma mensagem da mulher, contando que havia gostado da sessão e que ela era uma pessoa "agradabilís-

CULTURA ORGANIZACIONAL LIVRE DE ASSÉDIO

sima, com quem sabia que podia contar", mas que não poderia seguir adiante com o processo terapêutico, já que havia "sentido asco do marido" ao chegar em casa. Segundo ela, o objetivo era "colocar limites no companheiro, e não terminar o relacionamento".

O interessante é que a terapeuta não a orientou a pedir o divórcio, fez apenas algumas observações para que ela refletisse a respeito. No fundo, o "asco" pelo marido já estava ali, ela só não conseguia assumir isso. Muito menos colocar fim a uma relação tóxica.

O ciclo de violência doméstica contra a mulher funciona dessa forma. Na maioria das vezes, não há espaço para que elas se libertem e entendam que o melhor a fazer, dependendo do caso, é ir embora.

Nos dois exemplos anteriores, não entrou em jogo o fator independência financeira – não foi por falta de dinheiro que essas duas mulheres não se separaram dos maridos, mas sim por dependência emocional e pressão cultural, a tal obrigação de continuar juntos "em nome da família".

Mitos da violência doméstica

Além de muito enraizada em nossa cultura, a violência doméstica é uma questão complexa e envolve uma série de crenças equivocadas. O site do Instituto Maria da Penha destaca 14 desses mitos[76], para serem compartilhados com cada vez mais pessoas.

Primeiro mito: "As mulheres apanham porque gostam ou porque provocam"

Só quem já passou por violência doméstica ou acompanhou uma vítima sabe como é pesado passar por esse tipo

⚠ **CULTURA ORGANIZACIONAL LIVRE DE ASSÉDIO** ⚠

de situação. Muitas vezes, as mulheres se submetem para tentar garantir a própria proteção e a dos filhos e das filhas. Estamos falando de medo, vergonha e falta de dinheiro, não de amor pela violência.

Lembro de uma amiga que cresceu em um lar violento. Seu pai, alcoólatra, bebia todos os dias e, ao chegar em casa, batia em sua mãe. Não satisfeito, ainda tinha o costume de jogar objetos no chão e ordenar: "Limpe!".

Eram cenas muito duras, e ela as vivenciou por toda a infância. Até um dia, aos 15 anos, decidiu se posicionar e dizer ao pai: "Se você encostar na minha mãe de novo, acabo com você". Surtiu efeito, e ele nunca mais bateu na esposa. Não consigo nem imaginar a indignação dessa amiga se alguém dissesse que a sua mãe apanhava "porque gostava".

Segundo mito: "A violência doméstica só acontece em famílias de baixa renda e pouca instrução"

A violência doméstica ocorre em todas as classes sociais, sem qualquer distinção social ou de raça, religião, idade, escolaridade ou orientação sexual. Lembra quando a modelo e empresária Luiza Brunet, conhecida em todo o país, foi agredida pelo ex-namorado[77]?

O caso aconteceu em um hotel, em Nova York, em 2016. Luiza recebeu um chute no rosto e teve um dedo e quatro costelas quebradas. Depois, divulgou fotos com as marcas do que sofreu e passou a se envolver em campanhas de combate à violência doméstica.

⚠ **CULTURA ORGANIZACIONAL LIVRE DE ASSÉDIO** ⚠

Terceiro mito: "É fácil identificar o tipo de mulher que apanha"

Não, não é. Até porque não existe um perfil próprio de quem sofre violência doméstica. Pode acontecer com a sua amiga de trabalho, com a sua vizinha ou com a mulher do seu amigo. Pode acontecer com qualquer mulher.

Quarto mito: "A violência doméstica não ocorre com frequência"

Quem dera fosse verdade... Todo mundo conhece mulheres que já foram vítimas desse tipo de agressão, certo? Infelizmente, é muito comum. De acordo com números divulgados pelo Fórum Brasileiro de Segurança Pública e pelo Instituto Datafolha em março de 2023, a violência contra a mulher está crescendo[78]. Em 2022, mais de 18 milhões de mulheres foram vítimas de violência. Na média, são mais de 50 mil vítimas por dia, o que equivale a um estádio de futebol lotado.

A pesquisa também apontou que uma a cada três mulheres brasileiras (33,4%) com mais de 16 anos já sofreu violência física e/ou sexual de parceiros ou ex-parceiros. A média global é de 27%.

Quinto mito: "Para acabar com a violência, basta proteger as vítimas e punir os agressores"

É preciso proteger as vítimas e punir os agressores, mas, como estamos destacando ao longo deste livro, a questão é mais complexa, ampla e estrutural. Vivemos mergulhados em uma cultura de assédio e violência que só vai acabar quando olharmos a fundo para essa questão. É um trabalho para muitas gerações.

△ CULTURA ORGANIZACIONAL LIVRE DE ASSÉDIO △

Sexto mito: "A mulher não pode denunciar a violência doméstica em qualquer delegacia"

Pode sim, sem problemas. Melhor se for em uma Delegacia da Mulher? Sim, mas é preciso denunciar mesmo se não houver uma unidade especializada perto de você. O acesso à Justiça é garantido no artigo 3º da Lei Maria da Penha.

Sétimo mito: "Se a situação fosse tão grave, as vítimas abandonariam logo os agressores"

Sabemos que não é tão simples assim. Muitos feminicídios acontecem no momento em que as mulheres estão tentando se separar de quem as agride. Além disso, a paralisia diante da violência é uma reação muito comum entre as vítimas.

Oitavo mito: "É melhor continuar na relação, mesmo sofrendo agressões, do que se separar e criar as crianças sem o pai"

Muitas mulheres pensam que o melhor para os filhos e as filhas é "manter a família", mesmo que isso signifique viver em um lar violento. Vale lembrar que as crianças que crescem em um contexto assim podem desenvolver muitos problemas de ordem física e emocional.

Nono mito: "Em briga de marido e mulher, não se mete a colher/ Roupa suja se lava em casa"

A violência contra a mulher é uma questão coletiva, um problema de caráter social e público. Até porque tem consequências nos gastos do Estado e da iniciativa privada, como o pagamento de aposentadorias precoces, dias de afastamento do trabalho, internações e consultas, entre outras demandas.

Conforme está escrito na Lei Maria da Penha, é de responsabilidade das famílias, do coletivo e do poder público garantir às mulheres os "direitos à vida, à segurança, à educação, à cultura, à moradia, ao acesso à justiça, ao esporte, ao lazer, ao trabalho, à cidadania, à dignidade, ao respeito e à convivência familiar e comunitária".

Segundo decisão do Supremo Tribunal Federal (STF) de 2012, a Lei Maria da Penha pode ser aplicada mesmo sem queixa da vítima, o que significa que qualquer pessoa pode fazer a denúncia contra o agressor, inclusive de forma anônima. Todos podemos e devemos meter a colher.

Décimo mito: "Os agressores não sabem controlar suas emoções"

Não é verdade. Se assim fosse, sairiam por aí agredindo todas as pessoas, não apenas a esposa e os filhos e as filhas. Se agem de forma violenta em casa, é porque acreditam que jamais serão punidos por isso.

Décimo primeiro mito: "A violência doméstica vem de problemas com o álcool, drogas ou doenças mentais"

Muitos agressores não se encaixam nesses perfis e são capazes de atos de extrema violência.

Décimo segundo mito: "A Lei Maria da Penha é inconstitucional"

Há quem diga que a lei envolve a violência familiar a partir de um viés de gênero, o que causaria discriminação dos homens.

⚠ **CULTURA ORGANIZACIONAL LIVRE DE ASSÉDIO** ⚠

Acontece que nós vivemos em uma cultura de assédio sexual na qual as mulheres tendem a ser mais prejudicadas – essa é uma questão histórica. Por isso, a lei visa proteger as mulheres e trabalhar em nome de relações igualitárias.

Décimo terceiro mito: "A Lei Maria da Penha pode ser aplicada tanto para o homem quanto para a mulher"

A Lei Maria da Penha vale para proteger todas as pessoas que se identificam com o gênero feminino e que sofrem violência por conta disso. Se um homem for vítima de violência doméstica, a referência será o Código Penal.

Décimo quarto mito: "A Lei Maria da Penha só foi feita para as mulheres se vingarem dos homens"

A Lei Maria da Penha foi criada, essencialmente, para proteger as mulheres. Não se trata de vingança, mas de direitos humanos e justiça.

Lei do Feminicídio

Para fortalecer os direitos das mulheres diante da cultura de assédio moral e sexual na qual vivemos, o próximo passo foi a criação da Lei do Feminicídio. Em março de 2015, a Constituição Brasileira estabeleceu, por meio da Lei 13.104, o feminicídio como um crime de homicídio[79].

Com isso, passaram a ser identificados os assassinatos de mulheres cometidos em razão do gênero, ou seja, pelo simples fato de serem mulheres. Trata-se de um crime hediondo, com penas mais altas.

⚠ CULTURA ORGANIZACIONAL LIVRE DE ASSÉDIO ⚠

No entanto, apesar da legislação mais rigorosa, esse tipo de crime segue aumentando. Em 2022, o Brasil bateu recorde de feminicídio, com uma mulher morta a cada seis horas[80] – uma alta de 5% em relação ao ano anterior. Ao todo, 1,4 mil mulheres foram assassinadas.

A propósito, a palavra feminicídio entrou para o vocabulário em 1976, graças ao trabalho da pesquisadora sul-africana Diana Russell, que quis diferenciar os assassinatos ligados à questão de gênero.

A legislação seguiu avançando e, em 2018, a importunação sexual feminina passou a ser também considerada crime[81]. Isso engloba qualquer atitude de caráter sexual realizada sem o consentimento da vítima e com o objetivo de realizar o próprio desejo sexual ou de terceiros.

Este crime pode ser cometido por homens e mulheres. Na prática, porém, sabemos que as mulheres são as mais afetadas por ocorrências assim, principalmente em locais públicos ou transportes coletivos.

⚠ **CULTURA ORGANIZACIONAL LIVRE DE ASSÉDIO** ⚠

SUGESTÕES PARA IR ALÉM

LIVROS:

- MANSUR, Gabriel. *Código de compliance feminino*: mercado de trabalho. Editora Reflexão Livraria e Editora Eireli, Disrup Talks, 2022.

- PENHA, Maria da. *Sobrevivi...Posso contar*. Fortaleza: Armazém da Cultura, 2010.

VÍDEOS:

- TEDxFortaleza - *Maria da Penha* - Uma história de vida! Disponível em: https://www.youtube.com/watch?v=TRSfTdaBbvs. Acesso em: 12 mai. 2023.

- *Unmasking the abuser*, de Dina McMillan. Disponível em: https://www.youtube.com/watch?v=ythOTBEkUZM. Acesso em: 12 mai. 2023.

FILMES:

- *Garota exemplar*, Título original Gone Girl. Direção: David Fincher. Roteiro: Gillian Flynn; Elenco: Ben Affleck, Rosamund Pike, Neil Patrick Harris, 2014. Disponível em: https://play.hbomax.com/page/urn:hbo:page:GYYP71Q6z9pfCHQEAAAAC:type:feature?source=googleHBOMAX&action=open. Acesso em: 12 mai. 2023.

- *Dormindo com o inimigo*, Direção: Joseph Ruben. Elenco: Julia Roberts, Patrick Bergin, Kevin Anderson. Disponível em: https://www.starplus.com/pt-br/movies/dormindo-com-o-inimigo/6DlO1RjVM57. Acesso em: 12 mai. 2023.

DOCUMENTÁRIO:

- *Lockdown*: Não Tem Vacina, produzido pela Produtora Girassol. Disponível em: https://www.youtube.com/watch?v=hueGoxNT-8fg. Acesso em: 12 mai. 2023.

SÉRIES:

- *Big Little Lies*, produzida pela HBO. Disponível em: https://www.hbomax.com/br/pt/series/urn:hbo:series:GWGwm2gpIf6myw-wEAAACF. Acesso em: 12 mai. 2023.

- *Bom dia, Verônica*, produzida pela Netflix. 2020. Disponível em: https://www.netflix.com/br/title/80221223?source=35. Acesso em: 12 mai. 2023.

- *Inacreditável*, produzida pela Netflix. Disponível em: https://www.netflix.com/br/title/80153467?source=35. Acesso em: 12 mai. 2023.

Referências

71. Quem é Maria da Penha. Disponível em: https://www.institutomariada-penha.org.br/quem-e-maria-da-penha.html

72. DA PENHA, Maria. *Sobrevivi...* Posso contar. Fortaleza: Armazém da Cultura, 2014.

73. Violência contra a mulher não é só física; conheça outros 10 tipos de abuso. Disponível em: https://bit.ly/3ucC1Wg

74. O que é violência doméstica? Disponível em: https://www.institutomariadapenha.org.br/violencia-domestica/o-que-e-violencia-domestica.html

⚠ CULTURA ORGANIZACIONAL LIVRE DE ASSÉDIO ⚠

75. Ciclo da Violência. *GOV.com.br*. Disponível em: https://www.institutomariadapenha.org.br/violencia-domestica/ciclo-da-violencia.html

76. INSTITUTO MARIA DA PENHA - O que é violência doméstica. Disponível em: https://www.institutomariadapenha.org.br/violencia-domestica/o--que-e-violencia-domestica.html

77. OLIVEIRA, Rebeca. Cinco anos depois de agressão, Luiza Brunet diz ainda ter medo do ex. *Metrópoles*. São Paulo. 02/05/2021. Disponível em: https://www.metropoles.com/celebridades/cinco-anos-depois-de-agressao-luiza--brunet-diz-ainda-ter-medo-do-ex

78. Brasil está diante de um aumento da violência contra a mulher, diz pesquisadora. *UOL*. São Paulo. 03/03/2023. Disponível em: https://noticias.uol.com.br/ultimas-noticias/agencia-estado/2023/03/03/brasil-esta-diante-de--um-aumento-de-violencia-contra-a-mulher-diz-pesquisadora.htm

79. Justiça pela Paz em Casa: entenda o que caracteriza o feminicídio. *Tribunal de Justiça do Estado de Minas Gerais*. Minas Gerais. 29/11/2019. Disponível em: https://www.tjmg.jus.br/portal-tjmg/informes/justica-pela-paz-em-casa-entende-o-que-caracteriza-o-feminicidio.htm#:~:text=No%20Brasil%2C%20a%20Lei%20do,mulheres%20em%20raz%C3%A3o%20do%20g%C3%AAnero

80. VELASCO, Clara. Brasil bate recorde de feminicídios em 2022, com uma mulher morta a cada 6 horas. *Globo.com*. Rio de Janeiro. 08/03/2023. Disponível em: https://g1.globo.com/monitor-da-violencia/noticia/2023/03/08/brasil-bate-recorde-de-feminicidios-em-2022-com-uma-mulher-morta-a--cada-6-horas.ghtml

81. GUAJAJARA, Jarli. Não é não: entenda o que é importunação sexual, crime tipificado por lei. *Dicas de Mulher*. 13/07/2023. Disponível em: https://www.dicasdemulher.com.br/importunacao-sexual/

⚠ PARTE 3: ⚠
AGIR

COMO PODEMOS E DEVEMOS AGIR A PARTIR DE AGORA

Um dos meus grandes propósitos como consultora é ajudar as empresas a contribuírem para a mudança dessa realidade injusta. Para isso, é fundamental termos mais atenção em relação ao assédio e não permitir que determinadas situações tenham espaço no ambiente corporativo.

Para acabar com o assédio, é preciso transformar toda a nossa cultura. Uma cultura que, como vimos ao longo do livro, é permissiva em relação a comportamentos inadequados. Que ainda valida mais o conhecimento técnico de uma pessoa do que as suas habilidades humanas. Que insiste em não tratar de forma séria grande parte das reclamações, desestimulando as denúncias das diferentes formas de assédio.

As relações baseadas nos insultos, em uma suposta camaradagem que classifica a ofensa como "mimimi", precisam acabar. E isso para não falar do assédio sexual, que também ainda não é tratado da mesma forma como as empresas tratam as regras de segurança.

Diante desse contexto, como é possível mudar uma cultura? Seria muito simples se cada pessoa seguisse as diretrizes de comportamento e *compliance* que existem sobre o tema. Inclusive, eu já estava escrevendo este livro quando comemorei a notícia de que o combate aos casos de assédio moral e sexual seria agora mais uma obrigação das empresas brasileiras.

Em 2023, entrou em vigor, para empresas que têm mais de 20 pessoas e comissões de prevenção de acidentes das empresas, as Cipas, a responsabilidade de incluir o combate ao assédio em suas ações[82]. As organizações que não cumprirem as medidas podem receber multas do Ministério do Trabalho e Emprego.

Esses comitês internos passaram a se chamar Comissão Interna de Prevenção de Acidentes e de Assédio. As empresas devem adotar três medidas: implementar canais de denúncias e definir punições, criar regras de conduta e realizar treinamentos sobre o tema pelo menos a cada 12 meses.

Porém, na prática, isso significa que muitas pessoas apenas fazem um treinamento rápido e assinam um papel que atesta a sua participação. No entanto, assinar um papel não muda uma cultura. Um código de conduta, por si só, não muda uma cultura. Um comitê de *compliance* só com homens na liderança tampouco é eficaz. É preciso um olhar mais amplo e integrado para mudar a forma como pensamos e agimos.

Como vimos, nossa cultura é masculina, militarizada, hierárquica e autoritária – se respeita quem fala mais grosso e mais alto. Aliás, a voz grossa e alta não é à toa. Um estudo feito pela Universidade da Pensilvânia[83] afirmou que o tom grave da voz masculina não existe para seduzir as mulheres, como se acreditava,

⚠ CULTURA ORGANIZACIONAL LIVRE DE ASSÉDIO ⚠

mas para intimidar concorrentes. A voz grave de um homem soa como ameaça para outro homem. Infelizmente, essa ainda é uma linguagem muito corporativa: falar grosso e alto em um ambiente extremamente competitivo.

Pessoas profissionais que gritam e adotam outros comportamentos grosseiros não podem mais agir desse modo sob o argumento de que "são assim mesmo". Por experiência própria, sei que esse perfil ainda é muito comum nas companhias, principalmente entre a liderança.

Não podemos esquecer que o ambiente corporativo é um reflexo do mundo lá fora. Nossa cultura ainda valida, logo na primeira infância, quem elogia meninas pela beleza e meninos pela força e inteligência. Isso se estende para o ambiente corporativo. Como consequência, o rapaz cresce e, além de esperar ser reconhecido por sua inteligência, acha que deve elogiar a mulher pela beleza na empresa.

Até mesmo as feiras de negócios transmitem essa mensagem. Nos estandes e espaços de divulgação dos produtos das empresas, ainda vemos muitas promotoras de venda vestindo roupas curtas, como se precisassem ser transformadas em objetos de desejo para chamar a atenção do público, que antigamente costumava ser mais masculino.

Sempre digo em meus treinamentos que não basta mudar as coisas. É preciso transformá-las. Por onde uma empresa deve começar esse processo? Tudo se inicia pela liderança.

Se vejo minha liderança gritando o tempo todo e batendo na mesa em momentos de estresse, logo entendo que devo fazer o

⚠ CULTURA ORGANIZACIONAL LIVRE DE ASSÉDIO ⚠

mesmo com quem estiver na minha equipe. Por outro lado, se a minha liderança trata as pessoas com educação e tem uma escuta ativa com o time, incluindo momentos em que há divergências, tenho nela um bom exemplo de conduta.

Como já falei, não adianta ter frases lindas escritas na parede do escritório, se a liderança não segue o que está escrito ali e continua repetindo histórias como esta que relato a seguir.

Certa vez, ouvi uma história sobre um almoço no refeitório de uma fábrica na qual uma mulher estava com a blusa suja de suco. O supervisor virou para ela e disse: "Quer que eu lamba sua blusa para tirar a mancha?". Todas as pessoas riram. Enquanto uma situação como essa, vinda de uma liderança, for motivo de riso, estamos longe de ver a transformação.

Em outro caso, durante uma convenção corporativa, assisti a um CEO subir ao palco e falar, na frente de todas as pessoas que trabalhavam na empresa, que "aproveitaria para tirar uma casquinha" da mulher que estava com o microfone na mão. Se ele se sentiu à vontade para fazer essa "brincadeira", fica evidente que ainda vivemos em uma cultura que permite tais comportamentos.

Mas, como estamos vendo ao longo do livro, gradualmente a legislação avança e as pessoas ganham mais consciência sobre a importância de transformarmos a nossa cultura. Tanto o assédio moral quanto o sexual são crimes, que finalmente estão sendo tratados com a seriedade que exigem[84]. O assédio sexual, por exemplo, é um crime previsto no Código Penal, com pena de um a dois anos de prisão. E mais: havendo uma pessoa menor de idade envolvida, esse tempo pode subir em até um terço.

⚠ CULTURA ORGANIZACIONAL LIVRE DE ASSÉDIO ⚠

Com relação à violência contra as mulheres, além do que está na lei, precisamos ampliar as boas iniciativas em prol do respeito, do apoio e do fim da desigualdade que venham de todas as esferas. Lembro sempre das ações do Magazine Luiza. A empresa tem uma série de iniciativas de suporte às suas colaboradoras, e a campanha "Em briga de marido e mulher, eu meto a colher sim" é uma das mais arrojadas[85].

A marca passou a vender, tanto no site como nas lojas, colheres pelo valor de R$ 1,80, uma referência ao Ligue 180, central de denúncias de violências de todas as ordens contra a mulher. O dinheiro arrecadado com a comercialização é revertido para ONGs ligadas ao apoio às mulheres vítimas de violência doméstica.

A empresa também disponibiliza um canal interno de comunicação, o ramal 180, por onde as funcionárias podem relatar casos de agressão. A companhia investiga as denúncias e oferece todo o suporte necessário – até envia um caminhão de mudança, caso a mulher precise sair de casa às pressas. Sem dúvida, uma ação para se inspirar e replicar em outras empresas.

Outra iniciativa do Magazine Luiza é o botão de pânico no aplicativo de vendas da loja, por onde é possível fazer uma queixa de violência doméstica[86]. O dispositivo é conectado com o número 180, do Governo Federal, responsável pelas ocorrências do tipo em todo o país.

Durante a pandemia da COVID-19, o recurso registrou um aumento de 400% no número de denúncias feitas. Lembrando que o número 180, a Central de Atendimento à Mulher, funciona 24 horas por dia, todos os dias do ano. A ligação é gratuita.

Dimensão emocional

Quanto mais alto o cargo, menos se enxerga lá de cima. Por isso, insisto que todo treinamento de conscientização e de combate ao assédio deve começar pela liderança da empresa.

Bons momentos para fazer isso podem ser as avaliações de desempenho de time, porém, é comum considerarem cerca de 80% das chamadas *hard skills* e apenas 20% das *human skills* (em vez de *soft skills*, prefiro chamar a nossa habilidade de lidar com seres humanos de *human skills*). Ou seja, essas avaliações deveriam dar um peso muito maior para o comportamental das pessoas.

Conheci poucas empresas que têm avaliações 50%/50%. Nesses casos, quando a pessoa tem um baixo percentual nas *human skills*, ela não é promovida e precisa passar por um processo de *coaching* transformacional – a CKZ Diversidade entra nessa etapa para ajudar o processo.

Quantas vezes já ouvi a frase "Não posso perdê-lo, ele é excelente tecnicamente", apesar de também ser assediador. Já perdi a conta. Releva-se o comportamento inadequado para garantir a performance. Enquanto isso prevalecer, nada muda. Fica fácil entender por que muitas empresas têm alta rotatividade das pessoas, levando a índices expressivos de *turn over*.

Treinamentos eficientes, que funcionam muito bem com as pessoas que estão nos cargos de liderança, são os que trabalham a inteligência emocional e as competências da liderança inclusiva.

Uma abordagem específica que uso bastante no dia a dia das consultorias é a dos "quatro pilares": a autoconsciência para entender como me percebo e o que sinto a cada momento; a auto-

⚠ CULTURA ORGANIZACIONAL LIVRE DE ASSÉDIO ⚠

gestão para perceber como esse sentimento surgiu e o que faço com ele; a consciência social para olhar para as outras pessoas e considerar quais são os sentimentos e necessidades delas; e o gerenciamento das relações, entendendo como o meu desenvolvimento influencia no crescimento das outras pessoas.

Perceba que os dois primeiros pilares são sobre si, e os outros dois sobre como lidamos com as pessoas. Em um primeiro momento, é preciso ter autoconhecimento e olhar para dentro, entendendo como e por que reagimos de uma determinada forma para, só então, conseguirmos olhar a outra pessoa com mais empatia.

Vi isso acontecendo com uma pessoa da minha família, que estava performando muito mal na empresa e, durante as avaliações internas, a liderança nunca perguntava como ela estava se sentindo. Não havia espaço para esse tipo de conversa. Meu parente passava por um momento péssimo: a esposa estava internada, tratando de um tumor cerebral, e ele dormia todas as noites em uma poltrona desconfortável ao lado dela.

Como poderia estar indo bem? Embora a fadiga fizesse parte de seu semblante, ninguém se preocupou em perguntar o que estava acontecendo. Ele sentiu que não havia espaço para falar e acabou sendo demitido. Era um excelente funcionário, que poderia ter contado com o apoio da empresa naquele momento.

Não somos máquinas. Logo, não é possível separar as pessoas em duas partes: uma pessoal e outra profissional. O que acontece dentro da empresa repercute na vida pessoal e vice-versa. Ser uma liderança empática e atenciosa é fundamental para criar um

Os comportamentos esperados da liderança do futuro (e do presente)

ambiente seguro psicologicamente. O que, por sua vez, é fundamental para combater os casos de assédio.

Não podemos deixar de lado o fato de que estamos falando de um futuro cada vez mais complexo e humanizado. À medida que essas mudanças são estabelecidas, a liderança desempenha um papel crucial na condução das organizações em direção ao sucesso.

O encontro de lideranças governamentais, empresariais, sociedade civil e pessoas acadêmicas no Fórum Econômico Mundial, que aconteceu em janeiro de 2023, na Suíça, resultou em uma lista de 26 competências esperadas para a liderança do futuro. Muitas delas relacionam-se diretamente com as *human skills*, que, como vimos anteriormente, ainda recebem pouca atenção das organizações.

Destaco três dessas competências que estão bastante conectadas com a inteligência emocional e são fundamentais para qualquer liderança de hoje ou do futuro:

1) **Empatia e escuta ativa:** a liderança requer a habilidade de compreender e se conectar verdadeiramente com as pessoas da equipe, entendendo as necessidades, os desafios e as aspirações de cada uma delas e criando um ambiente de confiança e colaboração. A escuta ativa, por sua vez, permite que as lideranças captem informações valiosas, promovendo uma cultura de diálogo aberto e inclusivo.

⚠ **CULTURA ORGANIZACIONAL LIVRE DE ASSÉDIO** ⚠

2) **Liderança e influência social:** as lideranças devem ter a capacidade de influenciar e inspirar não apenas suas equipes, mas também todos os *stakeholders*, entre eles as comunidades em que operam, adotando uma visão de liderança socialmente responsável, abordando questões sociais, ambientais e corporativas que gerem impacto positivo. Por essa razão, uma agenda ESG (ambiental, social e governança) conectada com DIEP vem se mostrando cada vez mais importante.

3) **Gestão de pessoas talentosas:** capacitação, atração e engajamento de pessoas talentosas seguem sendo fundamentais para o sucesso das organizações. Por isso, as lideranças devem adotar uma abordagem estratégica, identificando e desenvolvendo habilidades, promovendo a diversidade e a inclusão, construindo um ambiente propício para o crescimento profissional e pessoal, com segurança psicológica.

Informação

Reeducar para uma nova cultura exige informação, repetição e emoção. Sugiro que, assim como os DDS (Diálogos Diários de Segurança), muito usados em indústrias, as empresas passem a incluir os Diálogos Diários de Assédio.

Pode ser um momento rápido, de cerca de cinco minutos, mas que aconteça todos os dias, para que a informação seja fixada. Além disso, é importante trazer exemplos para emocionar, pois aprendemos pela emoção e pela repetição[87]. A magia acontece e o

⚠ CULTURA ORGANIZACIONAL LIVRE DE ASSÉDIO ⚠

conteúdo se fixa mais facilmente no cérebro e no coração de cada um quando informação e emoção se alternam em um ciclo.

Equipe acolhedora

Certa vez, ouvi uma colaboradora contar que, ao falar sobre o assédio que tinha sofrido, a gestora de RH respondeu: "Você tem certeza que ele disse isso? Não me parece o tipo de coisa que ele diria". Naquele momento, ela desistiu de seguir em frente com a denúncia, pois não se sentiu acolhida.

A equipe de Recursos Humanos, do *Compliance* e as lideranças devem ser as primeiras a serem treinadas no combate ao assédio. Pois são elas as primeiras pessoas a serem procuradas quando a pessoa está passando por um problema dessa ordem.

Por fim, é preciso ter um canal de denúncia seguro, para que todas as pessoas se sintam confortáveis em usá-lo sempre que necessário.

Política de consequência

Paralelamente à informação, educação e equipe acolhedora, toda empresa deveria ter uma Política de Consequência para quem não segue as regras preestabelecidas. Existem muitos modelos, mas o mais comum é que aconteça assim: na primeira ocorrência, a pessoa recebe uma notificação sobre sua falha; se houver repetição, ela é suspensa e pode até perder uma parte do salário; se houver uma terceira ocorrência, ela é demitida.

Grande parte das empresas, especialmente as indústrias, têm tolerância zero em relação a questões relacionadas à segurança.

⚠ **CULTURA ORGANIZACIONAL LIVRE DE ASSÉDIO** ⚠

Uma empresa que conheci vivia um problema grave de assédio – queriam proibir os colaboradores homossexuais de usar o banheiro masculino –, mas demitiu um ótimo executivo que gravou um vídeo do celular mostrando um galpão novo enquanto dirigia, em uma velocidade pouco acima de 20 quilômetros por hora, limite do permitido. Tolerância zero. Por que não é assim com o assédio?

Compliance

O *Compliance* de uma empresa deve ser envolvido nessa conversa porque uma situação de assédio pode crescer, se tornar pública e trazer consequências para a reputação da marca. Por isso, sempre digo que os assédios moral e sexual devem ser considerados também como risco financeiro e de reputação de marca.

Em 2019, um executivo da liderança da Votorantim Cimentos foi demitido após comentar em um *post* que o NuBank havia feito no LinkedIn, divulgando uma vaga que buscava uma pessoa LGBTQIAPN+. O comentário da pessoa dizia: "Líder é líder, independentemente da escolha sexual. Ter um líder LGBT é de uma idiotice sem tamanho"[88]. Várias pessoas marcaram a página da Votorantim no comentário, que se manifestou publicamente condenando aquele comportamento, avesso a seu Código de Conduta.

Porém, no final das contas, o caminho mais fácil é demitir essa pessoa. Ela sai dali com os mesmos preconceitos e leva seu comportamento ruim para a próxima empresa onde for

⚠ CULTURA ORGANIZACIONAL LIVRE DE ASSÉDIO ⚠

trabalhar, perpetuando a cultura do assédio. O correto seria ela passar por um processo de transformação. Se, mesmo assim, continuasse agindo daquela forma, aí sim não restaria outra opção a não ser o desligamento.

Reputação é coisa séria. Pode implicar a perda de clientes e investidores, além de afetar a rentabilidade do negócio. Uma empresa que defende os direitos da mulher e tem programa para pôr fim à violência doméstica não pode, por exemplo, ter um diretor que bata em sua esposa. Ou que mantenha uma funcionária escravizada por anos, em cárcere privado, como aconteceu recentemente com uma executiva da Avon, que acabou desligando a executiva depois da notícia[89].

Em tempo: é importante orientar as pessoas da empresa sobre o uso do LinkedIn. Ali, as pessoas representam a empresa onde trabalham, portanto os *posts* devem seguir as mesmas regras usadas dentro da companhia.

Quebre o código

Um ambiente seguro psicologicamente é aquele em que ninguém tem medo de ser quem é. Onde uma mulher não fica tensa porque será assediada por causa da sua roupa.

As "piadas ofensivas" (já sabemos que o nome correto é *bullying*) com mulheres, pessoas com deficiência, LGBTQIAPN+, negras ou de outros grupos minorizados são um dos maiores obstáculos para a transformação da cultura.

Em uma consultoria que dei recentemente, a gerente do RH me confidenciou que, de todas as dificuldades, a maior é desconstruir as "piadas" LGBTQIAPN+. Está na estrutura da "broderagem"

CULTURA ORGANIZACIONAL LIVRE DE ASSÉDIO

de muitos homens o uso do termo "veado" para se xingarem.

A amizade na base do insulto vem da adolescência na escola. Veado, bicha, traveco. Mulherzinha. Ou, na outra ponta: "E aí, tá pegando todas?" ou "Essa é pra casar!". O homem é ensinado a preservar sua mulher, mas a olhar para outras. Não elogia sua mulher para os amigos porque tem receio de que eles se interessem por ela. É ensinado que deve pegar todas.

Pode parecer besteira, mas esses conceitos são tão fortes que, até pouco tempo atrás, a legítima defesa da honra ainda era um argumento usado por pessoas que advogam a favor de homens acusados de feminicídio[90].

É muito difícil quebrar o código masculino. Quem o quebra é excluído do grupo, visto como não confiável e pode até perder amigos. Mas, enquanto um único homem não tiver coragem de quebrá-lo, nada vai mudar.

Espero que você, que chegou até aqui, se sinta confiante para corrigir comportamentos inadequados de outros homens e, assim, também passar a ser um agente de transformação.

Amanhã, não. Agora!

No final das minhas apresentações, sempre faço a seguinte pergunta: "Vocês gostariam que suas crianças, sejam filhos ou filhas, trabalhassem nessa empresa? Elas seriam acolhidas, respeitadas em sua individualidade e incentivadas a crescer?". No geral, vejo rostos de dúvida na plateia.

O que estamos esperando para fazer esse panorama mudar? Qual é a transformação que você pode fazer hoje para que isso

⚠ CULTURA ORGANIZACIONAL LIVRE DE ASSÉDIO ⚠

mude? Amanhã, não. Hoje. Afinal, pequenas mudanças fazem grandes transformações.

A hora é agora e o assunto é urgente. Espero que este livro tenha provocado boas reflexões e o ajude a fazer o mesmo por outras pessoas. Seguimos lado a lado nessa transformação.

⚠ **CULTURA ORGANIZACIONAL LIVRE DE ASSÉDIO** ⚠

Referências

82. CATUCCI, Anaísa. Assédio sexual no trabalho: empresas com Cipa devem ter canal de denúncia e treinamento para combater casos. *Globo.com*. Rio de Janeiro. 24/05/2023. Disponível em: https://g1.globo.com/trabalho--e-carreira/noticia/2023/05/24/assedio-sexual-no-trabalho-empresas-com--cipa-devem-ter-canal-de-denuncia-e-treinamento-para-combater-casos. ghtml. Acesso em: 28 mai. 2023.

83. RAPPA, Marina. Homens têm voz grave para intimidar concorrentes, não para atrair mulheres, diz estudo. *Veja*. São Paulo. 06/05/2016. Disponível em: https://veja.abril.com.br/ciencia/homens-tem-voz-grave-para-inti-midar-concorrentes-nao-para-atrair-mulheres-diz-estudo

84. MARINHO, Kamila. Assédio moral e sexual: o que diz a lei e como se proteger no ambiente de trabalho. *Câmara Municipal de São Paulo*. São Paulo. 23/09/2020. Disponível em: https://www.saopaulo.sp.leg.br/mulheres/assedio-moral-e-sexual-o-que-diz-a-lei-e-como-se-proteger-no-ambiente--de-trabalho/. Acesso em: 21 jul. 2023.

85. Ação do Magazine Luiza "mete a colher" contra violência doméstica. *Catraca Livre*. São Paulo. 20/03/2018. Disponível em: https://catracalivre.com.br/cidadania/acao-do-magazine-luiza-mete-a-colher-contra-violencia-do-mestica/. Acesso em: 29 mai. 2023.

86. CHIARA, Márcia de. Denúncia de violência doméstica contra a mulher cresceu quase 400% no aplicativo do Magalu. *Terra.com.br*. São Paulo. 20/05/2020. Disponível em: https://www.terra.com.br/vida-e-estilo/saude/denuncia-de-violencia-domestica-contra-a-mulher-cresceu-quase-400-no--aplicativo-do-magalu,e2dd14c5f936d0c9ee41d5c619c68843x5rtej0s.html. Acesso em: 21 jul. 2023.

87. PAIXÃO, Marcelo. Sociedade Brasileira de Neurociência. *Sbneurociencia. com.br*. Disponível em: http://www.sbneurociencia.com.br/marcelopaixao/

artigo1.htm#:~:text=Nosso%20cerebro%20aprende%20por%20repeti%-
C3%A7%C3%A3o,com%20emo%C3%A7%C3%A3o%20em%20seu%20po-
t%C3%AAncial!&text=Atitude%20%C3%A9%20tudo

88. JULIO, Renann A. Após comentário contra lideranças LGBTQI+ no LinkedIn, funcionário da Votorantim Cimentos é demitido. *Globo.com*. Rio de Janeiro. 28/06/2019. Disponível em: https://epocanegocios.globo.com/Empresa/
noticia/2019/06/apos-comentario-contra-liderancas-lgbtqi-no-linkedin-funcio-
nario-da-votorantim-cimentos-e-demitido.html. Acesso em: 22 ago. 2023.

89. UOL – Avon demite executiva que mantinha idosa em situação análoga
à escravidão. São Paulo. 26/06/2020. Disponível em: https://economia.uol.
com.br/noticias/redacao/2020/06/26/avon-afasta-executiva-que-mantinha-
-idosa-em-situacao-analoga-a-escravidao.htm

90. STF. Supremo Tribunal Federal. Brasília. Disponível em: https://portal.
stf.jus.br/noticias/verNoticiaDetalhe.asp?idConteudo=511556&ori=1#:~:-
text=Por%20unanimidade%20dos%20votos%2C%20o,ou%20de%20agres-
s%C3%A3o%20contra%20mulheres. Acesso em: 24 ago. 2023.

DEPOIMENTO ARI MEDEIROS
Diretor de Operações Industriais da Veracel

Nasci no final de 1959, no limiar entre a geração *baby boomer* e a X, o que significa que cresci em uma cultura em que o homem branco era o protagonista e as piadinhas contra grupos minorizados eram tidas como normais no dia a dia.

Sou formado em engenharia química e estou há quase 40 anos no mercado de papel e celulose, um mercado essencialmente masculino – hoje, gerencio uma fábrica onde 75% dos mil colaboradores são homens.

Passei a maior parte da minha vida profissional em ambientes onde não havia espaço para falar de gênero, raça, orientação sexual e nem mesmo sobre questões emocionais. Como sou extrovertido, e sempre fui muito piadista, dizia sem pestanejar aos colegas coisas como "essa camisa tem pra homem?".

Cheguei até a receber uma notificação de denúncia anônima que alguém fez por causa de um comportamento inadequado meu, relacionado a uma piada neste sentido, uns anos atrás. Foi só quando passei pelo treinamento com a CKZ Diversidade que comecei a entender que certas frases estão carregadas de preconceitos e simplesmente não podem ser ditas. Eu, como diretor, tenho que ser exemplo.

Meu aculturamento é recente, mas é intenso. Mergulhei fundo no

⚠ CULTURA ORGANIZACIONAL LIVRE DE ASSÉDIO ⚠

tema. Em meados de 2020, começamos o trabalho interno da empresa em relação à diversidade e inclusão e criamos um plano de ação de cinco anos para implementar os objetivos traçados. Cada diretor ficou responsável por um pilar, coube a mim a diferença geracional. Foi nesse período que passamos pelo treinamento com a Cris Kerr.

No início de 2021, entrou um novo presidente, que veio da Suzano e trouxe de lá um projeto chamado Redes Organizacionais, no qual seriam mapeadas as principais pessoas influenciadoras dentro da empresa. Todo mundo respondeu um questionário no qual tinham que apontar dez nomes que julgavam ser os mais influentes na fábrica. Para minha grata surpresa, fui o mais citado.

O problema é que, como eu já disse, eu era aquele cara que aprendeu que "perde o amigo, mas não perde a piada". Que nunca tinha ouvido falar na palavra *bullying* até metade da carreira (somente no início do século 21). Como eu ia ser o influenciador com essa cultura, com esse repertório?

Foi quando comecei a fazer um *coaching* com a Cris e com a Agnes, também da CKZ, no início de 2022, porque eu precisava ser um aliado da causa. Foi aí que aconteceu a minha virada de chave. Eu me sensibilizei com o tema, virei um conhecedor e um embaixador da causa da diversidade e inclusão dentro da empresa.

Daí em diante, passei a falar sobre o assunto sistematicamente nas reuniões semanais da Diretoria Industrial. No começo, eram 15 minutos. Hoje, são 45 minutos. Todas as diretorias passaram a fazer o mesmo com suas equipes, a partir de meados de 2023. E sigo participando de fóruns e treinamentos para continuar aprendendo e para compartilhar a minha experiência.

Temos um Código de Conduta muito ativo na empresa. Os ca-

⚠ CULTURA ORGANIZACIONAL LIVRE DE ASSÉDIO ⚠

nais de denúncia funcionam. As pessoas se sentem seguras para falar dos problemas que surgem. Esse ambiente de segurança psicológica permite que certas coisas, que antes gerariam um enorme questionamento, aconteçam.

Um exemplo é a faixa de pedestre na entrada da fábrica, que amanheceu pintada com as cores do arco-íris, causando enorme surpresa entre todas as pessoas. Temos um grupo LGBTQIAPN+ muito forte, e eles decidiram fazer a ação sem consultar ninguém. Eles se apropriaram do espaço e tomaram a iniciativa. Foi uma ação muito elogiada.

Outro exemplo foi quando um engenheiro da minha equipe, de 26 anos, perguntou ao presidente durante sua Live mensal se não iria acontecer algum esquema para a Copa Mundial Feminina de 2023, como havia sido feito para a masculina no ano anterior. Fomos pegos de surpresa e, em duas semanas, preparamos todo um cronograma baseado no Mundial. Parece besteira, mas são exemplos de que a empresa está mudando, que as pessoas querem ser ouvidas e sentem que há espaço para isso.

Além disso, temos Grupos de Trabalho (GT) para frentes específicas. O pilar de gênero é onde mais investimos. Detectamos lideranças entre as mulheres e selecionamos 25, que passaram por um treinamento de seis meses. Também contamos com um GT para pessoas negras: hoje, temos apenas 2% de pessoas negras na liderança. Por isso, estamos oferecendo uma mentoria para que elas possam ascender mais na hierarquia.

Sempre achei que "sair do armário" era uma expressão homofóbica, mas entendi, com a própria comunidade, que eles mesmos usam a frase. E posso dizer que está acontecendo uma aber-

⚠ CULTURA ORGANIZACIONAL LIVRE DE ASSÉDIO ⚠

tura fantástica de armário na empresa. Até mesmo um gerente que está conosco há dez anos se assumiu publicamente, prova de que existe espaço e acolhimento para isso.

Também trabalhamos com contratações afirmativas, queremos um quadro com mais mulheres, mais pessoas negras, LGBTQIAPN+ e mais velhas. E aí entra outro ponto que eu mudei completamente a visão: eu era contra cotas. Cresci na cultura da meritocracia e sempre bati na tecla de que tudo era questão de esforço.

Quando li o livro *Viés inconsciente*, escrito pela Cris Kerr, entendi que, no caso das pessoas negras, por exemplo, elas foram sistematicamente discriminadas. Que elas têm muito mais dificuldade de conseguir algo que eu, branco, gaúcho, de classe média, que fez faculdade particular, consegui. Não saímos do mesmo lugar. Esse foi o paradigma mais difícil de quebrar. Foi a ferro e fogo, mas eu entendi.

Outra coisa que entendi com o caso real de uma funcionária é que as mulheres estão muito mais capacitadas do que acreditam. Tivemos uma funcionária operadora, negra, formada advogada, que negou uma oportunidade porque não se sentia preparada. Aprendemos com a prática que 80% delas estão preparadas e não acreditam em si, enquanto 50% dos homens não estão bem preparados, mas metem as caras. O ambiente corporativo não estimula que a mulher acredite em si mesma.

Gosto também de bater na tecla da questão geracional. Pouco se fala disso dentre todos os temas de vieses inconscientes e assédio, mas o etarismo também precisa ser debatido. Sou um jovem de quase 64 anos, cheio de energia e brilho nos olhos. Velho é quem perde a jovialidade. Idoso é quem tem mais de 60 por uma definição social.

Existe um embate muito forte com as novas gerações, em espe-

⚠ CULTURA ORGANIZACIONAL LIVRE DE ASSÉDIO ⚠

cial com a Z. As pessoas mais jovens nos criticam por nosso comportamento antiquado em relação ao machismo, homofobia, racismo, mas fazem isso colocando o dedo na nossa cara e com impaciência.

É preciso empatia de ambas as partes. Eu, com esses temas que são novos para mim; e as novas gerações, com as questões mais antigas. É preciso entender que estamos nos adaptando, entendendo o mundo de hoje, passando por um processo de aculturamento. Estamos nos esforçando, mas isso leva tempo.

DEPOIMENTO RAFAEL BARNEZ
Gerente de Vendas

Tenho treze anos de carreira, tendo passado por quatro empresas até hoje. Em uma delas, na qual fiquei sete anos, a agenda contra o preconceito, o assédio moral e sexual e a postura afirmativa em relação às cotas eram muito fortes, então já cheguei ao novo emprego com uma postura mais atenta.

Quando passei pelo treinamento com a CKZ Diversidade na nova empresa, muitos conceitos já haviam sido assimilados por mim, mas sinto que para a equipe, como um todo, foi fundamental.

Essa postura de que a gente precisa reconhecer os privilégios de quem está historicamente empregado em boas empresas, em bons cargos, para a partir daí fazer as correções em relação às questões estruturais da nossa cultura, ainda é nova e muitas pessoas têm dificuldade para entender. Mas a gente está num momento de olhar de forma diferenciada para quem não teve as mesmas oportunidades.

Acredito que a minha geração é exatamente a da transição. Fomos moleques que faziam piadas que hoje são consideradas inadequadas e, ao crescermos e chegarmos ao mercado de trabalho, pegamos justamente o começo dessa discussão toda: a equidade salarial entre homens e mulheres, as cotas afirmativas, os comitês de diversidade etc.

O que antes era uma piada que era considerada uma brincadeira, hoje, sabemos que se só um ri, não é engraçado.

⚠ CULTURA ORGANIZACIONAL LIVRE DE ASSÉDIO ⚠

Quando me lembro de mim mais novo, das besteiras que dizia, penso que era muito imaturo e que essas coisas hoje não cabem mais. E já percebo uma mudança geral de comportamento no mundo corporativo de quando eu entrei, treze anos atrás, para hoje. Foi acontecendo de forma gradual.

Evidente que ainda não é o mundo ideal, o ambiente de trabalho não é bom para todas as pessoas. Hoje, há mais respeito, o que deveria ser algo básico, mas dez, quinze anos atrás, era preciso reivindicá-lo. O segundo passo, agora, é que seja um espaço bom para todo mundo.

A questão das piadas e comentários inadequados ainda é um problema. Certa vez, em uma reunião com um cliente, um diretor fez uma piada de cunho sexual totalmente inadequada em relação às vestimentas femininas. Havia várias mulheres na reunião, que deram um sorriso amarelo porque era o líder delas.

Mas eu fiquei extremamente incomodado. Não tive coragem de me posicionar, talvez nem fosse a melhor abordagem reagir de imediato, mas, ao sair da reunião, comentei com outros homens que achei aquela fala deselegante e desnecessária.

Também procuro não me colocar de forma muito invasiva. Primeiro porque não tenho nenhuma carteirinha da moralidade para julgar as outras pessoas. Mas também porque há que ter o cuidado de saber com quem estamos conversando.

A Cris fala bastante isso no treinamento dela: quando vamos conversar com pessoas mais velhas, por exemplo, que viveram a maior parte da vida de outra forma, é preciso abordar temas delicados de forma menos acusativa.

E, nesse caso da reunião que citei, o cara era da geração *baby boomer* (+63 anos). Provavelmente, ele viveu aquele ambiente por anos e anos. Se alguém confrontá-lo diretamente, o resultado pode ser desastroso. É preciso saber dialogar. Tomara que ele encontre pessoas que

⚠ CULTURA ORGANIZACIONAL LIVRE DE ASSÉDIO ⚠

consigam dar bons toques nele de comportamento.

De qualquer forma, são coisas que estão diminuindo bastante, inclusive na minha área de vendas, historicamente muito machista. Até nos grupos de WhatsApp que só têm homens isso vem mudando. Até pouco tempo atrás, era normal fazer piada sobre tudo nesses grupos. Hoje, quando acontece, rola um constrangimento geral.

Alguns temas já estavam muito bem trabalhados na minha cabeça bem antes de eu entrar no mercado. Sempre fui a favor de cotas para pessoas negras na faculdade, por exemplo. O racismo me incomoda profundamente desde muito jovem por uma questão pessoal: tive um grande amigo negro na infância. Muitas vezes presenciei piadas racistas com ele – e eu ficava muito mais irritado que ele. De alguma forma, ele já estava resignado.

Na faculdade, eu estava maduro para entender que era necessário a gente fazer essa correção histórica. Anos depois, na outra empresa em que trabalhei, vi aquele vídeo da corrida, que as pessoas estão todas alinhadas e vão dando passos à frente de acordo com as perguntas sobre privilégios que o coordenador faz. Ao final, muita gente nem saiu da linha de partida. Ou seja, a corrida não é igual para todo mundo, né?

Também vejo, desde meu emprego anterior, uma preocupação muito grande em ter mais mulheres na liderança. Essa é uma agenda que está andando mais rapidamente do que as outras. E sinto a comunidade LGBTQIAPN+ mais confortável para ser quem é dentro do trabalho.

Teve uma época em que se falava muito também da inclusão dos grupos mais sêniores, por conta daquele filme *Um senhor estagiário* (2015), com o Robert De Niro. As empresas começaram a contratar pessoas com mais de 65 anos. Mas esse tema parece ter dado uma esfriada.

Uma coisa curiosa é que essas mudanças parecem estar acontecendo mais rapidamente dentro das empresas. Porque há regras a serem seguidas, e quem não se adaptar por bem, vai se adaptar por mal.

⚠ CULTURA ORGANIZACIONAL LIVRE DE ASSÉDIO ⚠

Porque não vai mais se enquadrar naquele ambiente de trabalho.

Na vida pessoal, não tem isso. Fora dos muros das empresas, as pessoas parecem se sentir mais livres para falar o que de fato pensam.

Eu nunca vivi uma situação de assédio moral, mas sei que sempre foi muito comum na minha área justamente por conta da pressão que às vezes pode passar dos limites. Acredito que a maioria das pessoas nem sabe, na prática, o que configura o assédio. Tem muito de subjetivo.

Nem somos treinados, tanto individualmente como em equipes, a entender e a identificar situações assim. Falta uma cultura sobre isso, uma compreensão geral de todas as pessoas. De qualquer forma, sabemos que ambientes de trabalho onde as pessoas se sentem seguras e à vontade são mais resistentes a situações de assédio.

Em momentos em que o resultado não é bom, os ambientes podem se tornar mais pesados e propícios a situações de grosserias. Já vi, em tempos de crise, chamarem a atenção de colaboradores e colaboradoras publicamente. A pessoa se sente exposta, fica abalada psicologicamente. Todas as pessoas em volta ficam desconfortáveis também. Esse é um tipo de atitude que também tenho visto menos.

Já tive oportunidade de liderar equipes, formadas por pessoas com perfis bem diferentes do meu, como um homem de 55 anos e mulheres na casa dos 30. Isso foi um privilégio para mim, porque aprendi a lidar com pessoas de gerações diferentes, de contextos diferentes, em momentos muito difíceis.

Fico muito orgulhoso do que consegui construir sem ter precisado ser aquela liderança durona, tirana, o estereótipo do "chefe de vendas". Tudo era feito com muito diálogo, entendendo o outro lado e o que a gente podia construir junto. Vejo que esse tipo de liderança é o que o mercado vai pedir cada vez mais. Já está acontecendo. Ainda bem.

DEPOIMENTO BEATRIZ KERR
Engenheira civil e sócia da CKZ Diversidade

Sou a quinta geração de pessoas engenheiras da minha família. A primeira mulher. Levei muitos anos para entender por que isso fez diferença. A verdade é que eu demorei a sentir o machismo me afetar diretamente e não vivi ambientes tóxicos e ultracompetitivos nos primeiros anos de profissão. Por outro lado, também demorei a perceber o quanto eu tinha me masculinizado, me embrutecido, para conquistar o meu lugar nessa área tão predominantemente masculina.

Meu pai era engenheiro mecânico e, sempre que eu o observava desenhando à mão, pensava: quero ser engenheira como ele! Entrei em engenharia civil no Mackenzie. Logo na primeira aula de cálculo, me perguntei: o que estou fazendo aqui? Eram poucas mulheres na sala de aula: começamos em 18, mas apenas dez se formaram. Não sei quantas seguiram na profissão.

O curso foi difícil, mas eu era apaixonada e obstinada. No segundo ano, comecei a estagiar e isso me ajudou a gostar mais da prática. A primeira liderança que me contratou dizia que eu era "pé de boi", que encarava qualquer canteiro de obra, e eu gostava de ouvir isso.

⚠ CULTURA ORGANIZACIONAL LIVRE DE ASSÉDIO ⚠

Depois de formada, me encaminharam para um projeto de transportes e me desconectei um pouco da engenharia bruta, virei especialista em Excel e tabelas. Nessa época, começo dos anos 2000, tinha bastante mulher comigo e o clima era muito bom.

Um dia, minha liderança me perguntou por que eu não aproveitava que era jovem e ia para outro Estado. Como tinha acabado de terminar um relacionamento, a proposta veio a calhar. Me transferiram para São Luiz, no Maranhão, e fui trabalhar no maior porto da Vale.

Passei dez meses lá. Fui a primeira mulher engenheira na obra e precisaram montar um apartamento só para mim, já que os demais engenheiros dividiam casas. Foi uma experiência muito rica e fui acolhida pelos demais colegas.

Não foi a única ocasião em que eu era a única mulher e tiveram que fazer alterações no local. Quando fui trabalhar em uma Pequena Central Hidrelétrica (PCH), fui recebida pela minha liderança direta assim: "Ai, que saco, agora vou ter que construir um banheiro feminino!". Foi um dos meus melhores e mais queridos chefes – mas frases como essas são feijão com arroz no dia a dia de uma engenheira de obras.

A essa altura, eu já me comportava como os homens. Nesse trabalho, ganhei dois apelidos: Pit Bia (de pit bull) e Katy Mahoney, policial destemida da série *Dama de Ouro*. Eu olhava para os trabalhadores com cara de brava e não dava abertura para ninguém.

Lembro do meu pai dizendo, antes de eu ir trabalhar fora de São Paulo, a seguinte frase: "Vê se você se comporta, viu? Uma mulher engenheira, quando vai trabalhar em obra e sai com

⚠ CULTURA ORGANIZACIONAL LIVRE DE ASSÉDIO ⚠

alguém, já fica mal falada". Fui me fechando cada vez mais. Sou heterossexual, mas descobri que a equipe achava que eu era lésbica.

Mais tarde, já em outra empresa, soube que todo mundo dizia que eu tinha um caso com o chefe porque ele me protegia e me dava mais atribuições. Ou seja, de uma forma ou de outra, vão falar de você – homens e mulheres.

Nessa época do trabalho na PCH, eu comandava uma sala técnica. Pouco depois, me atribuíram uma segunda sala técnica em uma cidade a 70 km de distância. Eu tinha 32 anos, trabalhava de domingo a domingo, sem reclamar. A minha vida social se restringia a ir ao bar com os colegas homens e ir vê-los jogar futebol (eu ia porque sabia que nesses lugares o *networking* e a fofoca rolavam soltos!).

Um dia, sofri um acidente na estrada e capotei o carro. A partir de então, passei a ter crises de ansiedade. Somou-se a isso um rombo financeiro que eu previ que a empresa ia ter, mas um dos diretores desacreditou do meu trabalho, o que gerou um estresse imenso, e eu quis ir embora.

Apareceu uma oportunidade para ir trabalhar no Rio. O pré-sal era a bola da vez, o setor de óleo e gás estava crescendo e eu fui parar em uma obra da Petrobras na Baía de Guanabara. Só que, como era uma parceria com outras empresas, já tinha uma equipe lá, e o gerente de obras não me queria de forma alguma. Disse, na minha frente: "Podem levar ela embora". Assim, como se eu fosse um móvel velho e incômodo. Mas o meu chefe era aquele da PCH e me defendeu. O clima, no entanto, ficou ruim.

⚠ CULTURA ORGANIZACIONAL LIVRE DE ASSÉDIO ⚠

A sorte é que logo apareceu uma oportunidade no Recife, uma grande obra de engenharia. No primeiro dia, o chefe chegou e pediu: "Menininha, carrega meu celular?". Respondi na hora: "Epa! Menininha, não!". Ganhei o respeito dele porque reagi no mesmo instante.

Nessa empresa, aconteceu algo bem peculiar. Toda a gerência foi chamada para fazer uma pós-graduação na Fundação Dom Cabral, menos eu. Era uma oportunidade incrível, eu também queria. Fui no RH questionar a razão de eu não participar: é por que sou a única mulher? A profissional que me atendeu ficou toda sem jeito, e disse que eu era um nível abaixo deles, o que eu nem sabia, afinal tínhamos as mesmas entregas. O caso foi parar na gerência e eles tentaram se explicar de todas as formas. Mas, para mim, estava explícito que era um caso de machismo.

No dia a dia, muitas microagressões iam acontecendo e eu não percebia. Foi só quando vim trabalhar na CKZ Diversidade que me dei conta de que parecem coisas pequenas, mas causam grandes estragos.

No Recife, a equipe era 90% masculina. Mulher, só eu e a profissional de RH. Eu sofria interrupções de fala o tempo todo nas reuniões. Ou então, vinham com aquela postura bem condescendente, que eu chamo de "tecla *sap*", que é quando o homem quer explicar o que você quis dizer.

Mas eu era casca grossa, né? E um dia bati de frente com um deles, que pediu minha cabeça para a matriz em São Paulo. Não deram. Mas foi a minha deixa para ir embora. Voltei para o Rio, com uma oportunidade de trabalhar em obra de metrô na época Pré-Copa. Mas não foi o que me prometeram e logo depois começou a estourar a Lava-Jato. Vieram os cortes, um a um, e fui embora em um deles. Era hora de voltar para São Paulo.

Ali acabou minha era nas grandes construtoras. E começou a pior fase de agressões e ambientes extremamente tóxicos. Trabalhei em empresas pequenas e vivi situações de constrangimentos em frente a equipes, ameaças de cortes, isolamento e até uma agressão que quase se tornou física.

Em uma das empresas por onde passei, o clima era de ameaça constante, medo de broncas e demissões. O dono gostava de dizer que "mulher que anda de cabelo preso é porque não teve tempo de lavar". Em outro trabalho, os engenheiros adoravam dizer frases como "sim, não tô fazendo nada mesmo, tô só batendo 'uma' aqui".

Teve uma obra, na qual eu fui contratada para fazer a fiscalização cujos engenheiros eram de outra empresa. Eles não me suportavam porque eu fiscalizava o trabalho deles. Um dia, a briga escalou de uma forma que o gerente se levantou e veio para cima de mim. Foi preciso outro colega se interpor entre a gente para que ele não me agredisse fisicamente.

Eu nunca tinha chorado por causa de trabalho até então. Entrei no carro, liguei para a minha irmã, Cris, e contei o que tinha acontecido. Você sofreu assédio moral, ela disse. Preste uma queixa. Eles fizeram de tudo para que eu pedisse as contas. E eu pedi, não aguentei.

Vim trabalhar com a Cris e comecei a olhar para a minha trajetória de outra forma. Entendi que as microagressões que sofri e as "brincadeiras" que ouvi eram mais sérias do que eu percebia.

Amo ser engenheira e continuo sendo, até aqui na consulto-

⚠ CULTURA ORGANIZACIONAL LIVRE DE ASSÉDIO ⚠

ria. Às vezes, pego um trabalho em uma obra ou outra para matar a saudade. E, sempre que posso, digo às engenheiras mais novas que não se deixem intimidar. Vai para cima! Não te convidam para a reunião, leia a ata depois. Vai para o campo conhecer o que a empresa faz, vai ao *happy hour* porque muitas decisões são tomadas lá. Se informe. Informação é poder. E não deixe que nenhum homem defina o que você pode ou não pode fazer.

DEPOIMENTO MARIA FERNANDA*
Diretora de Estratégia e M&As

Me formei em administração e meu primeiro estágio foi na Bolsa de Valores, um ambiente 1.000% masculino. Não era só o linguajar que era cheio de palavrões e grosserias, mas a forma como eles falavam sobre mulheres era horrível.

Certa vez, vi a equipe toda compartilhando uma espécie de álbum preto, que nunca chegava até mim. Depois me contaram que era um *book* de garotas de programa. Éramos pouquíssimas mulheres: eu, a secretária e uma ou duas que já tinham endurecido e falavam grosso como os homens.

Isso foi no fim dos anos 1990, época em que a objetificação da mulher era normalizada. Você andava pelas ruas e via *outdoors* imensos com a capa da Playboy, mulheres imensas, peladas, espalhadas por toda parte. Era um clássico aquela cena de rodinha de homens falando e rindo, que se calavam quando uma mulher se aproximava.

As coisas mudaram bastante, mas o machismo no ambiente de trabalho ainda é uma realidade. Hoje, mais de vinte anos depois daquele estágio, ainda vivo e presencio muitas situações desagradáveis que mostram como os homens ainda se sentem donos desse espaço de trabalho.

Uma vez, na sala de espera de uma reunião on-line, enquanto

⚠ CULTURA ORGANIZACIONAL LIVRE DE ASSÉDIO ⚠

esperávamos o cliente entrar, um colega apareceu com um bolo e disse: "Olha aí, Maria e ciclana (a outra mulher presente), vocês poderiam fazer isso, levar bolo para as reuniões". Na hora, eu nem me dei conta do sexismo dessa frase. A outra logo cortou: "Faz você!". E eu comecei a falar que não era muito boa nisso, que só sabia fazer de cenoura e, no meio da minha fala, ele me cortou e disse: "Não acredito que estamos falando sobre isso!".

Um assunto que ele mesmo trouxe e que era só uma conversa rápida, leve, antes da reunião. Quantas vezes eu não tenho que aguentar eles comentando o futebol de ontem, assunto pelo qual eu não tenho o menor interesse, sem interromper dizendo: "Afe, que assunto besta, por que estamos falando disso?".

Fora o palavreado recheado de expressões como "pôr o pau na mesa", "fazer um papai e mamãe" ou ainda "meu *job* está estuprado". Estupro é uma palavra que jamais deveria ser dita num contexto de trabalho, com essa denotação "engraçada". Não é engraçado. Quando fui tentar argumentar sobre essas questões, virei "a certinha", "a sensível", aquela com a qual não se pode brincar.

Sou a única mulher mais velha, com filhos na equipe. Quando há outras mulheres, são jovens, recém-formadas, que ainda moram com os pais e que não sentem o impacto de aguentar essa jornada pesada e cheia de pressão com a maternidade. Não sei se elas continuarão quando tiverem filhos ou filhas, porque não existem políticas para acolher as mães.

Tivemos um encontro de liderança feminina para falar justamente sobre esses temas: maternidade, amamentação, síndrome de impostora – que afeta muitas mulheres no mercado de trabalho – e liderança inclusiva. Mas, na prática, as mulheres que não conseguem

⚠ CULTURA ORGANIZACIONAL LIVRE DE ASSÉDIO ⚠

conciliar vida pessoal e profissional acabam pedindo demissão.

Depois que tive a minha primeira filha, eu estava voltando de uma temporada no exterior, onde fiz meu mestrado, e buscava me recolocar. As recrutadoras sempre perguntavam: "Você já sabe com quem você vai deixar sua filha?". E eu dizia: "Sim, ela vai para o berçário". E a segunda pergunta era: "E se ela ficar doente?". Será que perguntam isso para os homens? Evidente que não.

É positivo ver que ao menos se fala sobre isso hoje, que as novas gerações já estão chegando mais informadas e engajadas, e fico feliz de poder estar aqui participando de conversas como essas, mas as coisas ainda estão muito no discurso. As piadinhas correm soltas nas conversas de trabalho.

Outro dia, um homem disse: "Se eu vejo um Mini Cooper na rua, logo sei que é de um veado rico". É engraçado que só vejo homens fazendo esse tipo de comentário, nunca mulheres. As pesquisas dizem que as mulheres são mais inclusivas, e eu sinto que é assim mesmo.

Evidente que, ao longo da minha carreira, passando por seis empresas diferentes e com um breve momento trabalhando como autônoma, me masculinizei bastante. Inclusive na vestimenta. Hoje, não consigo nem olhar para aqueles terninhos pretos, cinzas e beges, aqueles sapatos caretas e aquela maletinha que os homens usam.

Eu me permito usar vestido, roupa colorida, saia e cabelo livre de amarras. Era muito comum, quando comecei, as empresas entregarem um *book* sobre o *Dress Code* (código de vestimenta) com o que podia e o que não podia. Vinha um X em vermelho gigante na maior parte da vestimenta feminina. E nem estou falando de blusas *cropped*, essas coisas. Tinha muito veto sobre cabelo.

⚠ CULTURA ORGANIZACIONAL LIVRE DE ASSÉDIO ⚠

No emprego anterior ao que estou hoje, cheguei a ter um *burnout* sério por uma combinação de trabalho excessivo, pressão e ambiente tóxico. Um dia, comecei a chorar no carro porque não queria mais ir trabalhar. Eu tremia tanto que fui para o pronto-socorro. O médico me disse: "Você precisa de férias". Mas eu não tinha como tirar naquele momento. Quinze dias depois, tive um herpes zoster no olho e passei uma semana internada.

Lembro de o médico me perguntar o que eu sentia e eu dizer: "Sinto que estou subindo uma montanha tão alta que nunca chego ao topo e isso me deixa muito cansada". Eu entregava tudo no prazo, mas nunca tinha fim. Eu sabia dizer *não*, eu não sabia impor limite. Era mais um problema de gestão mesmo. Eles não sabiam o que queriam e deixavam todas as pessoas enlouquecidas.

Também tive muitos chefes tóxicos ao longo desses 27 anos de carreira. Mulheres, inclusive. Tinha um que chegava literalmente chutando o balde de lixo, falando alto meu nome. Depois parava ao meu lado, pegava meu trabalho em cima da mesa e dizia: "Que lixo!". Rasgava, amassava e jogava fora.

Um dia, ele disse, todo irônico: "Vou dar um abraço nela, de tão bom o trabalho que ela fez!". E me esmagou. Era uma pessoa que deixava o ambiente todo ruim. Em outra ocasião, ele chamou a equipe para um almoço especial com ele e ninguém queria ir.

Esse mesmo chefe boicotou uma promoção minha. Abriu uma vaga numa área com a qual eu me identificava e eu me candidatei, seria um progresso na carreira. Quando ele percebeu, usou um mecanismo para me "congelar", de forma que eu ficasse um ano sem poder receber aumento. Quando existe essa cultura do medo, qualquer um tenta achar outro emprego o quanto antes e pula fora assim que consegue.

As empresas têm *hotline*, canais de denúncia, e estrutura no RH,

⚠ CULTURA ORGANIZACIONAL LIVRE DE ASSÉDIO ⚠

mas é difícil ir às vias de fato. Quando voltei da licença do meu segundo filho, tinha um chefe que me perseguia sistematicamente. Logo que voltei, ao me ver perdida, ele disse, todo irônico: "Muitas coisas aconteceram enquanto você estava fora". Como se eu estivesse num resort no Caribe.

Nesse dia, fui até o RH fazer uma denúncia. Eles me perguntaram: "Tem certeza que é isso que você quer? Porque vai ter investigação, pessoas serão chamadas para entrevistas e você pode se sentir exposta". Desisti. Não queria me desgastar mais, já era uma fase muito difícil com bebê em casa e outra criança para cuidar.

Existem pesquisas que dizem que os psicopatas são mais numerosos nos cargos de chefia. São pessoas muito inteligentes, articuladas e, principalmente, que entregam. Que é o que as empresas querem. Mas entregam deixando rastros de sangue pelo caminho. É hora de elas se perguntarem se ainda querem que seja desse jeito.

Às vezes, vejo filmes e séries de guerras situadas no século 17 ou 18 e confesso que não vejo muita diferença entre uma sala de decisões de batalha daquele tempo e uma sala de reunião de hoje. É selvagem.

Tenho consciência de que as empresas estão fazendo sua parte, mas sinto que as pessoas precisam mudar. Não adianta um chefe fazer o treinamento que a empresa dá e, na sequência, fazer piadinha machista ou homofóbica na reunião.

Fiquei um tempo fora do mercado depois do *burnout*, mas não quis desistir da profissão. Gosto de trabalhar, ter meu dinheiro, sou boa no que faço, ainda sou nova e tenho muito a contribuir. E gosto mais ainda de estar no mercado nesse momento em que essas discussões estão na mesa, quero participar delas e ajudar a fazer essa mudança acontecer.

*Nome fictício para preservar a identidade da entrevistada.

SOBRE A AUTORA

Cris Kerr é fundadora e CEO da CKZ Diversidade, consultoria especializada em DIEP (diversidade, inclusão, equidade e pertencimento), fundada em 2009. É também autora do livro *best seller Viés inconsciente* (2021), professora de D&I na Fundação Dom Cabral, colunista da Revista Você S.A., idealizadora do primeiro Fórum sobre Diversidade na Liderança no Brasil, lançado em 2010, o Super Fórum Diversidade & Inclusão e do Fórum Conversando com Homens sobre DIEP. Na área acadêmica, é mestra em Sustentabilidade pela FGV, pós-graduada em Neurociência e Comportamentos pela PUC-RS, tem MBA em Gestão Estratégica e Econômica de Negócios pela FGV, pós-MBA Advanced Boardroom Program for Women pela Saint Paul Escola de Negócios e graduação em Publicidade e Propaganda pela FAAP.

www.linkedin.com/in/cristina-kerr